天下文化
BELIEVE IN READING

致富心態

暢銷增訂版

The Psychology of Money

Timeless Lessons on
Wealth, Greed, and Happiness

關於財富、貪婪與幸福的20堂理財課

摩根・豪瑟（MORGAN HOUSEL） 著
周玉文 譯

謹獻給

教導我的雙親

引領我的葛瑞琴（Gretchen）

鼓舞我的邁爾斯（Miles）和瑞絲（Reese）

目錄

推薦序

對錢的正確態度比賺多少錢重要

科克蘭資本董事長 楊應超

很榮幸接受天下文化的邀請為《致富心態》這本書寫序。中文的翻譯書看了意猶未盡，所以我又去買了英文版再看一次，覺得看了之後真的很有收穫。

這本書談的觀念與我在之前出版的《財務自由的人生》類似，雖然沒有教導你如何炒股票或投資賺大錢，但是教導你如何正確看待金錢的意義與理財行為，這我覺得比賺錢還重要。因為錢賺得再多，如果無法妥善理財，也是沒有用。作者在我常閱讀的《華爾街日報》（*The Wall Street Journal*）和財經網站萬里富（The Motley Fool）當過多年的專欄作家，所以在這本書裡面寫了很多自己的理財故事及概念，不但很有用，也很容易了解。

書裡提到一個概念很重要，那就是理財的重點不在於你賺多少錢，而是你的儲蓄率。就像我在《財務自由的人生》裡第三十九頁分析，如果你可以存二〇%的薪水，那三十七年就可以達到財務自由；如果你可以存五〇%，那只要花十七年。作者提到了一個重點，真正富有的人不是買好車、住豪宅，高調給大家看，而是在銀行投資帳戶裡面有很多錢，低調到讓大家看不到。如果你不存錢，只是把錢花給大家看，那你其實並不富有，因為富有的定義是你還剩下多少錢可以花，而不是你花了多少錢。舉例來說，如果你買了一台一千萬的跑車，那只代表銀行戶頭裡少了一千萬，或多了一千萬的新車貸。

另外還有一個概念也是我常提到的：「你活著不是為了工作，財務自由後，人生始得自由！」作者在第七章寫道，大學時的志向是去投資銀行上班賺大錢，好不容易進去後，一個月就做不下去了，因為在投資銀行上班，「你要是星期六沒來上班，星期日就別忙著進公司了。」看到這句話我特別有感觸，因為我在投資銀行工作十五年，那時基本上天天都在上班（當然也包括週末，很多次我進公司後發現怎麼沒有人進來，或者空調一直沒開，才驚覺今天是國定假日。而且大樓的管理員都跟我很熟，因為只有我每天都在早上四點就上班），為了成為投資銀行第一名的分析師，我每年搭飛機全球跑，光是里程數就可以繞地球一百圈以上，在飯店住宿的時間加總起來也有三年多，犧牲與家庭和小孩相處的時間，只為了讓薪水稍微高一些，為家庭提供經濟充足的環境，不用擔心萬一家人生病或小孩需要上私立學校的費用。

因此我設立了目標，希望早日可以達到財務自由，不再為五斗米折腰，不用每天看到討厭的老闆、客戶或同事，甚至也不用再被祕書欺負。時間是最寶貴的，也是錢再多也買不到的。賺錢的目的不是讓你拿一堆印著過世名人頭像的紙張天天在家數鈔票，而是給你更多的選擇和彈性，讓你充分自由，天天過著自己想過的生活，做想做的事情，而無後顧之憂，也不需要看別人的臉色。像很多人，包括我自己，現在的終極目標就是希望可以健康與快樂的跟家人和朋友在一起，然後每天用學習成長和奉獻社會的心情設定下一個目標，過著有意義的生活。

這本書可以讓你對金錢的看法有新的角度及啟發，很推薦讀者多次閱讀，像我中文版看完再看英文版後，每次看完都有不同的收穫。有錢不是萬能，但是沒有錢卻萬萬不能。除了努力賺錢之外，更重要的是了解賺錢及存錢的目的，以及背後的意義，比方說可以有能力幫助弱勢，就像每次飛機起飛前的安全指示，萬一出事時要先把自己的氧氣罩戴上，才能去幫助別人。建議大家養成對錢正確的態度，要不然有再多的錢也是沒有意義的。相信我，只要你的態度對了，錢自然就可以很容易賺進來。

推薦序

掃除不自覺的錯誤投資觀念

暢銷財經作家 綠角

《致富心態》一書，作者用一個又一個章節，讓我們看到自己投資想法中的錯誤，或是看似已經知道，其實不知其究竟的投資原理。

投資人腦中常有一些預設傾向與想法，不知不覺的左右我們的行動。

譬如你是否注意到，財經新聞充斥負面看法。在股市上漲後，媒體會引述空頭大師的說法，「泡沫已經成形」、「短期內可能修正」。股市下跌之後，則描述當時悲觀氣氛，「恐慌指數上升」、「下跌看不到盡頭」。

而你是否也注意到，自己看到這些負面報導時，會特別警覺，認為這的確是一個要注意的重點。甚至實際行動，離開市場。

假如有人樂觀的說：「一切都不要擔心啦！」大概沒人會理他。

人注重負面看法的傾向，來自生存需求。原始人類部落中，假如你能注意族人提到的重大風險，譬如水源地有一頭獅子在喝水。你會避開死亡風險。

但這個本能，也讓許多人在投資時坐立難安，很難持續留在市場中。賺一些就想走，或有點風吹草動就想離開，結果往往是錯過大段市場報酬。

不要被這些看似小心謹慎的負面看法牽著鼻子走。這些言論看起來特別吸引人，只因人類本性如此。而順從天性不是投資的好方法。

另外作者提到安全邊際。安全邊際是價值投資的基礎。譬如你算出一家公司的內在價值是每股十元，你不會在股價九元時買進。你會等到出現每股八元或七元的價格時再買。這個二〇%到三〇%的折價就是你的安全邊際。

但安全邊際有更高層次的應用。重點是，不要讓某一個投資決定或部位重大到可以對你的整體財務狀況造成毀滅性後果。

價值投資，仍是選個股來投資。設定安全邊際，然後以為狀況永遠不會惡化到超過這個邊際，恐怕仍有些過度自信。假如大量資金押注個股，卻買到地雷股，會嚴重虧損。

廣泛分散的投資，選錯單一證券也不會對你的財務狀況造成嚴重影響。這就是安全邊際更高層次的應用。

在這次發行的新版，作者提到了預測與預期的分別。譬如一位投資人說：「二〇二四年市場將會大跌。」，另一位說：「預計未來二十年間可能會發生至少一次嚴重的空頭市場。」前者是預測，後者是預期。投資應該偏重預期而非預測。預測有過高的精準度。假如投資人根據預測，在二〇二四年全面撤出股市。但預測錯誤，這年市場大漲。那麼他會錯過報酬。預期則讓人事先對未來不好的狀況有心理與實務上的準備。有預期，那麼真的遇到就不會驚慌失措。

除此之外，《致富心態》討論了許多重要觀點，包括長期報酬的重要性、不要從運氣學習等。每一章都可以讓讀者有所啟發。精彩的比喻與分析，不僅帶來愉快的閱讀經驗，也讓讀者學到更好的財務觀念。

《致富心態》以嶄新觀點，描述投資人應該知曉的重要財務觀念，是本值得一看的好書。

各界推薦

豪瑟的寫作風格令人喜愛，其對故事的描述生動而流暢，又能夠有效的大量引用相關數據以及重量級人士對話，使得其論述具有極佳的說服力；此外，他能夠直指要害同時又不失幽默感的筆觸，也讓此書增添不少閱讀上的趣味！

暢銷財經作家　安納金

豪瑟的觀察往往有一舉兩得的效果：它們都是第一次呈現世人眼前，而且鞭辟入裡。

橡樹資本創辦人　霍華・馬克斯（Howard Marks）

很少人可以像摩根．豪瑟一樣寫出一本優美清晰的財經書。

《未來在等待的人才》作者　丹尼爾．品克（Daniel H. Pink）

每個人都該人手一冊。

《原子習慣》作者　詹姆斯．克利爾（James Clear）

這位罕見的作家可以將複雜的概念變成容易理解、消化與吸收的故事。

《高勝算決策》作者　安妮．杜克（Annie Duke）

天才就是在眾人失去理智時，還能正常行事的人。

——拿破崙（Napoléon Bonaparte）

這個世界充滿各式各樣再明顯不過的事物，卻沒有人用心觀察。

——夏洛克．福爾摩斯（Sherlock Holmes）

前言

地表上最精采的表演

我在大學時曾在洛杉磯一家高級飯店當過泊車小弟。

有個常客是科技新貴。他是個天才，二十多歲就設計出無線路由器的某個關鍵零組件，而且獲得專利。他曾創辦好幾家公司，然後賣掉，一路飛黃騰達。

他也和金錢建立一種我稱為「不安並夾雜幼稚愚蠢」的關係。

他隨身帶著一疊厚達十公分的百元美鈔，秀給每個想看的人，以及很多不想看的人。他老是醉醺醺的公然大聲吹噓自己很有錢，但常常都讓人覺得莫名其妙。

有一天，他掏出幾千美元給我的同事，交代他：「去街上的珠寶店幫我換幾枚價值一千美元的金幣。」

一小時後，金幣到手，這名科技新貴和死黨聚在可以俯瞰太平洋的碼頭旁，隨後將金幣一個接一個的抛入海中，就像打水漂一樣，一邊大聲狂笑，一邊爭辯誰擲得最遠。

他們只是覺得這樣很好玩而已。

幾天後，他打破飯店餐廳的一盞燈，經理告訴他那盞燈價值五百美元，要他賠償。「你是在跟我討五百美元嗎？」這個科技新貴難以置信的回答，一邊從口袋裡掏出一疊現金遞到經理面前：「這是五千美元，現在馬上消失在我面前，以後絕對不准再這樣羞辱我。」

你可能很納悶他這樣的行為可以持續多久？答案是「沒有多久」。幾年後我聽說他破產了。

本書的前提是，「善於理財」與「有多聰明」幾乎毫無關係，不過卻和「行為處事」大有關係。行為難以教化，即使是聰明絕頂的天才亦然。

情緒失控的天才可能會鬧出一場金融災難，反之亦然。一般人儘管未曾受過金融教育，但只要習得少數與正式智力測驗無關的行為技能，照樣可以富甲一方。

——

我最喜歡的一則維基百科（Wikipedia）條目是這樣開始的：「羅納．詹姆士．瑞德（Ronald James Read）是美國慈善家、投資人、警衛，以及加油站員工。」

羅納・瑞德出生在美國佛蒙特州的鄉下，是全家第一位高中畢業生；更讓人印象深刻的事情是，他每天都得在路上招手搭便車上學。

對於認識羅納・瑞德的人來說，他並沒有什麼值得注意的地方，因為他的生活和大家一樣低調平淡。

瑞德在一間加油站修車二十五年，也在大型連鎖百貨公司傑西潘尼（JCPenney）打掃十七年。他在三十八歲那年花了一萬兩千美元買下一間兩房的屋子，在那裡度過剩下的人生。五十歲那年，他成了鰥夫，終身沒有再娶。一名朋友回憶往事時說到，他主要的嗜好就是砍柴。

二〇一四年，瑞德去世，享年九十二歲。正是這一年，這名謙和內斂的鄉下警衛成為國際新聞的頭條人物。

二〇一四年，美國有兩百八十一萬三千五百零三人死亡，在這些人中，只有不到四千人的淨資產超過八百萬美元，而羅納・瑞德正是其中之一。

這名前任警衛在遺囑中把兩百萬美元留給幾名繼子，其餘超過六百萬美元全數捐給當地的醫院和圖書館。

瑞德身旁的熟人都很困惑，不知道他的錢究竟是怎麼得來的？

後來才知道其中根本沒有什麼祕密。他既沒有中樂透，也沒有繼承遺產。瑞德省吃儉用，然後把錢投資在績優股上。接下來他只是耐心等待幾十年，就這樣將微薄的存款滾到超過八百萬美元。

就這麼簡單。他從警衛搖身一變成為慈善家。

羅納．瑞德去世前幾個月，還有一名叫做理查（Richard）的人登上新聞版面。理查．富斯康（Richard Fuscone）和羅納．瑞德的人生恰好在光譜的兩端。哈佛人學企業管理碩士（MBA）畢業的富斯康是美林證券（Merrill Lynch）的高階經理人。他在金融業的工作做得有聲有色，四十多歲就早早退休，轉行成為慈善家。美林前執行長郭銘基（David Komansky）稱許富斯康具備「商業手腕、領導技能、穩健的判斷力與廉正的品格」。[1]財經雜誌《克萊恩》（*Crain's*）還曾把他選為「四十位四十歲以下精英」（40 under 40）的成功商業人士。[2]

但是沒過多久，富斯康就跟拿金幣打水漂的科技新貴一樣身敗名裂。

二〇〇〇年代中期，富斯康借很多錢來擴建位於康乃狄克州小鎮格林威治市（Greenwich）超過五百坪的豪宅，這幢豪宅裡有十一套衛浴設備、兩部電梯、兩座泳池、七間車庫，每個月光是維護費用就超過九萬美元。

沒過多久，二〇〇八年金融危機爆發。

這場危機幾乎掏空每個人的荷包，顯然也把富斯康的荷包榨到一塊錢也不剩。高額的債務與無法變現的資產讓他破產。二〇〇八年時，據稱他對破產法官（bankruptcy judge）說：「我現在沒有任何收入。」

他在佛羅里達州棕櫚灘（Palm Beach）的豪宅先被法拍。

二〇一四年輪到格林威治的豪宅被法拍。

在羅納．瑞德把財產留給慈善機構的前五個月，理查．富斯康的豪宅被法拍成功，價格比保險公司預估的金額還低七五%。曾到豪宅作客的人全都念念不忘「透明地板下方那一眼可以望穿的室內游泳池，在裡面用餐、跳舞無比刺激」。[3]

羅納．瑞德有的是耐心，理查．富斯康有的是貪心。這一點正是讓兩個教育程度與經歷天差地別的人財富拉近的關鍵。

這裡提供的教訓不是說要我們多學羅納、少學理查，雖然這樣的忠告並不差。

這兩起故事的玩味之處在於他們的理財方法都很獨特。

在其他產業，一個人要是沒有大專學歷、沒有受過訓練、沒有專業背景、沒有正式經驗，也沒有人脈關係，有可能會遠遠贏過另一個擁有最好教育、最好培訓和最廣泛人脈關係的人嗎？

我絞盡腦汁也想不出一個例子。

我無法想像羅納．瑞德執行心臟移植手術會比哈佛訓練的外科醫師來得好，或是他設計的摩天大樓比受過最精良訓練的建築師還要出色，更別提想像著一個警衛能比世界頂尖的核子工程師表現更好的故事。

但這些故事確實會發生在投資界。

事實上，羅納．瑞德與理查．富斯康的例子會同時存在有兩個解釋。第一，財務結果取決於運氣，不受才智與個人努力影響。這句話某個程度來說沒有錯，而且本書稍後也會詳加闡述。但是，第二點（而且我認為更普遍的情況）是，財務成功不是硬科學，而是軟實力，你的言行舉止比專業學識更重要。

我稱這種軟實力為致富心態。本書的目的就是要用一篇篇簡短的故事來說服你相信，軟實力比金錢的技術層面更重要。我會以一種幫助所有人（從瑞德到富斯康，以及背景介於這兩個人中間的每個人）做出更妥善財務決策的方式來達到這個目的。

我漸漸明白，這套軟實力嚴重遭到低估。

財務金融通常會一面倒的教導以數學為主的技能，你在這裡把數據資料輸入公式，它就會告訴你該怎麼做，然後它就假設你真的會這麼做。

在個人理財領域，這一點完全正確，因為它會告訴你要準備六個月的應急準備金，而且每個月要存一〇%的薪水。

在投資領域，這點也沒有錯，因為我們會知道利率和價值評估之間有確切的歷史關聯。

在財務管理領域，這點也沒有錯，因為財務長可以精準衡量資金成本。

這些事情沒有好壞，只不過，知道該怎麼做，不代表你知道當你試著這樣做時，腦子裡正在思考什麼事。

無論你是否感興趣，有兩個主題都會影響每一個人，那就是健康與金錢。

隨著全世界人口的預期壽命一再提高，醫療照護產業成為現代科學的一大勝利。科學界裡的諸多發現，把醫師看待人體運作的舊觀念替換掉，每個人幾乎都因此變得更健康。

不過，涵蓋投資、個人理財與商業規畫的金融產業卻說著另一個故事。

近二十年來，財務金融產業網羅頂尖大學裡的天才頭腦。財務金融工程學是美國普林斯頓大學工程學院（Princeton's School of Engineering）最受歡迎的專業學科，但有任何證據顯示出我們因此培養出更出色的投資人嗎？

我一個也沒看到。

多年來，我們透過集體的反覆試驗來學會成為更好的農夫、熟練的水電工和先進的化學家，但反覆試驗是否教會我們更精明的規畫個人財務？我們真的變得更不會債台高築嗎？更有可能未雨綢繆的多存點錢嗎？開始及早準備退休生活了嗎？採取實事求是的眼光看待金錢，有助於提升我們的幸福感嗎？

我看不到任何令人信服的證據。

我相信大部分的原因是，我們思考與學習金錢觀的方式簡直和學習物理（牢記規則與法則）沒什麼兩樣，但和學習心理學（了解情緒與細微差異）卻不太相像。

對我來說，這一點不僅相當重要，也十分有意思。

金錢無處不在，它不僅影響我們每個人，也把我們多數人搞得一頭霧水。每個人看待它的方式各有不同。它在許多方面提供我們人生寶貴的教訓，好比風險、自信和幸福。鮮少事物能比金錢提供更強力的放大鏡，協助解釋為何每個人各有各的言行舉止。

它可以說是地表上最精采的表演。

我對致富心態的理解，是在針對這個主題寫作的十幾年間漸漸形塑而成。二〇〇八年初我開始撰寫理財文章，當時金融危機與八十年來最嚴重的衰退才剛開始。

如果想解析這場風暴的始末，就得釐清究竟發生什麼事。但金融危機爆發後，我學到的第一件事就是，沒有人可以精確解釋到底出了什麼事，或是為何會出事，更別提應該採取什麼應變措施。每當有人提出言之鑿鑿的解釋，就會有另一個人提出同樣讓人信服的反駁說法。

工程師可以判定橋梁坍塌的原因，因為大家已經建立共識，要是針對某個區域施加一定程度的外力，那個區域就會應聲而倒。物理學沒有任何爭議，因為它事事講究法則，但是財務金融恰好相反，人的言行舉止才是指導原則。我可能認為自己的行事作風合情合理，不過在你看來卻很瘋狂。

我愈深入研究、寫下更多探討金融危機的文章，就愈明白你其實可以透過心理學與歷史的視角來更充分理解這件事，而非從金融的視角出發。

你若想深究人們為何債台高築，其實無需研究利率，只要研究貪婪、不安與樂觀主義的歷史；你若想理解投資人為何選在空頭市場的谷底出清持股，其實無需研究預期未來報酬的計算算式，只要檢視你的家人過得有多痛苦，並懷疑自己的投資是否正危及他們的未來。

我很愛法國思想家伏爾泰（Voltaire）的觀點：「歷史永遠不會重演，但人總是如此。」這句話非常適合說明我們的理財行為。

二〇一八年我發表一篇文章，概述我見過人們處理金錢時，會嚴重受到哪二十個最重大的缺陷、偏見和不良行為影響。那篇文章的標題是〈金錢心理學〉（The Psychology of Money），有超過一百萬人閱讀。這本書是對這個主題更詳細的探究，文章中的某些簡短段落也原封不動的出現在本書中。

你手上這本書共有二十章，每一章都詳述我認為致富心態中最重要、而且經常是違反直覺的特徵。這些章節雖然圍繞一個共同的主題漸次展開，但其實各自獨立，可以單獨閱讀。

這本書的內容不多，歡迎展閱。多數讀者並不會把書從頭看到尾，那是因為大多數單一的主題根本不需要花二百頁解釋。我寧可標示出二十個簡明的重點，讓你全部讀完，也不要長篇大論讓你放棄閱讀。

那我們就開始吧！

1

沒有人真的是瘋子

你的理財經歷可能只占全世界所有事件的
0.00000001%，但你或許是用這些經歷在看 80%的世界運作。

讓我告訴你一個問題，或許這會讓你在面對自己的理財方式時感覺好一點，看待別人的理財方式也少點批判。

人們會拿錢去做些瘋狂的事，但沒有人真的是瘋子。

理由是：因為世代不同、由收入與價值觀不同的父母撫養、身處世界上不同的地方、出生在不同的經濟體、因為誘因與好運程度不同而得到不同的就業市場經驗，每個人學到的教訓也截然不同。

人人看待世界運作的方式各有獨特的觀點，而且比起從別人身上學到的二手經驗，你親身經歷過的事情，感受會更加深刻。所以，無論是你、是我，還是所有人，看待金錢運作的觀點天差地別，但是每個人都會在人生中深植一套觀點。因此在你看來似乎很瘋狂的事，在我眼裡可能合情合理。

出身貧寒的人思考風險與報酬的方式，富有銀行家子弟即使想破頭也無法參透。

在高通膨時代成長的人經歷到的高物價，在價格穩定時代成長的人從未碰過。

在經濟大蕭條（Great Depression）時代血本無歸的股票經紀人，熬過的苦日子是一九九〇年代後期隨著網路泡沫興起的科技新貴無法想像的生活。

三十年來澳洲人不曾目睹經濟衰退，美國人則不曾有過這樣的經歷。

這樣的對比沒完沒了，這張體驗清單也永無止境。

你知道我不理解的某些金錢層面，反之亦然。你對生活的信念、目標與預測都與我大不相同。這不是因為誰比較聰明，或是誰掌握更好的資訊，而是因為我們一直過著不同的人生，都被不同、但同樣有說服力的經歷所形塑而成。

你的理財經歷可能只占全世界所有事件的〇．〇〇〇〇〇〇〇一%，但你或許是用這些經歷在看八〇%的世界運作。所以智商相近的人可能不同意彼此的看法，像是經濟衰退發生的原因與過程、應該如何拿自己的錢去投資、事情優先順序的安排邏輯，以及承擔風險的程度，依此類推。

歷史學家費德烈．路易士．艾倫（Frederick Lewis Allen）在回顧一九三〇年代美國的書中寫道，大蕭條「在幾百萬美國人心中烙下難忘的印記」。不過每個人的經驗卻大不相同。二十五年後，當約翰．甘迺迪（John F. Kennedy）競選美國總統時，記者問他記憶中的經濟大蕭條，他說：

我其實沒有親身經歷過經濟大蕭條。我家的財產在世界上屬一屬二，資產價值還遠高於以往。我們有更大的房子、更多的僕人，而且我們更常出遊。我只直接目睹一件事，那就是我的父親多雇用好幾名園丁，只為了讓他們有個工作，有飯可吃。我真的不太明白經濟大蕭條是怎麼一回事，直到進入哈佛才學到。

這就是一九六〇年大選的關鍵。當時人們心想，怎麼可以讓一個不清楚上個世代最重要經濟大事的人來執掌國家大位？就許多方面而言，甘迺迪只是因為在第二次世界大戰有過從軍經歷，才得以平息質疑的聲浪。第二次世界大戰是另一件上個世代最多人共享的情感體驗，而這正好是甘迺迪的主要對手修伯特・亨佛瑞（Hubert Humphrey）沒有過的經歷。

我們面臨的挑戰是，研究成果或思想開放的程度，都不足以真正重現恐懼和不確定性的力量。

我可以讀到經濟大蕭條時代失去一切的感受，但烙印在當事人心中的情感傷痕不會出現在我身上；那些經歷過經濟大蕭條的人也無法理解，像我這樣的人，為什麼會覺得擁有股票是很滿足的事。我們是用截然不同的視角來看待世界。

電腦試算表可以模擬股市崩盤的歷史頻率，但並無法模擬你回到家、看著小孩，並懷疑你犯下的錯是否會影響他們人生的感受。研究歷史可以讓你感受到某些你可以理解的事情，但除非你親身經歷並感受到後果，不然你可能無法真正參透個中道理，並改變自己的行為。

我們全都以為自己很清楚這個世界如何運作，但事實上我們全都只是這具龐大機器裡的一顆小螺絲釘。

正如專業投資人麥克・貝特尼克（Michael Batnick）說：「不經一事，不長一智。」我們以不同的方法成為這項真理的受害者。

二〇〇六年，美國國家經濟研究所（National Bureau of Economic Research）兩位經濟學家烏麗克・馬曼迪爾（Ulrike Malmendier）與斯特凡・內格爾（Stefan Nagel）研究消費者財務調查（Survey of Consumer Finances）＊累計五十年的統計資料，探究美國人如何理財。[4]

理論上，人們應該依據自己的目標，以及當時可以選擇的投資方案特點，做成投資

＊ 針對美國家庭的資產負債表等財務狀況進行的調查，每三年調查一次。

決策。

但實際上人們並不會這麼做。

兩位經濟學家發現，人們一生的投資決策很大程度取決於他們那個世代投資人所擁有的經驗，特別是他們剛成年時的經驗。

如果你是在高通膨時期成長，和在低通膨時期成長的人相比，往後投資在債券的金額會比較低；假使你的成長期間剛好躬逢股市走強，那麼與在股市疲軟時期成長的人相比，往後投入股市的資金會比較多。

這兩位經濟學家寫道：「我們的發現顯示，散戶承擔風險的意願，取決於個人的人生歷程。」

這與智力、受過的教育，或是世故老練與否無關，就看你有沒有在對的時間、對的地點成長的好運氣。

二〇一九年，《金融時報》（*Financial Times*）訪問昔日享譽全球的比爾・葛洛斯（Bill Gross），提到：「葛洛斯坦承，要是他早十年或晚十年出生，可能就無法達到今天的成就。」葛洛斯的職業生涯恰好碰上一整個世代的利率崩跌，推升債券價格上漲。那種巧合不僅影響出現在你周遭的機會，而且當這些機會出現時，還會影響你對這些機

圖 1.1　不同世代 10 幾歲至 20 幾歲期間的股市表現

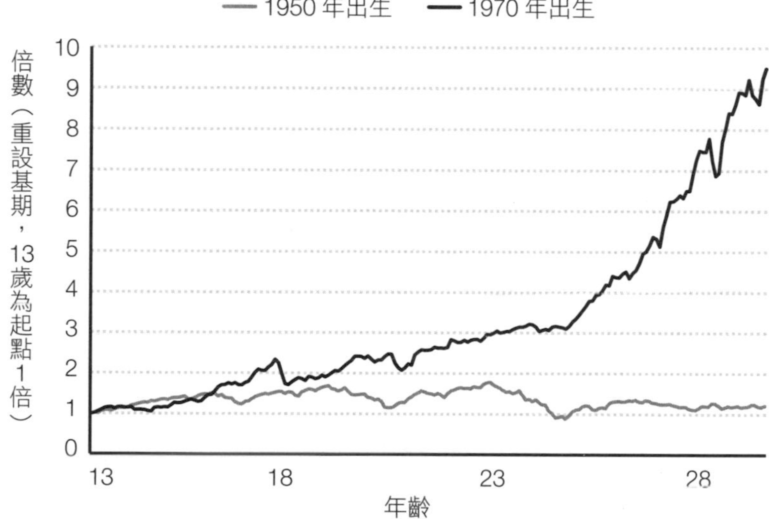

會的看法。對葛洛斯來說，債券就是創造財富的機器；但是對他父親那個熬過高通膨時期的世代來說，投資債券可能被視為錢坑。

在理財的經歷上，大家的差異一點都不小，即使在你看來似乎大同小異。

就以股票為例。如果你在一九七〇年出生，在你十幾歲至二十幾歲這十多年間，標準普爾五百指數（S&P 500）即使扣除通膨因素，仍舊飆漲將近十倍。這是很驚人的報酬率。但是如果你在一九五〇年出生，在你十幾歲至二十幾歲這十多年間，股市扣除通膨因素後幾乎是文風不動。因為出

圖 1.2　不同世代 10 幾歲至 20 幾歲期間的物價漲幅

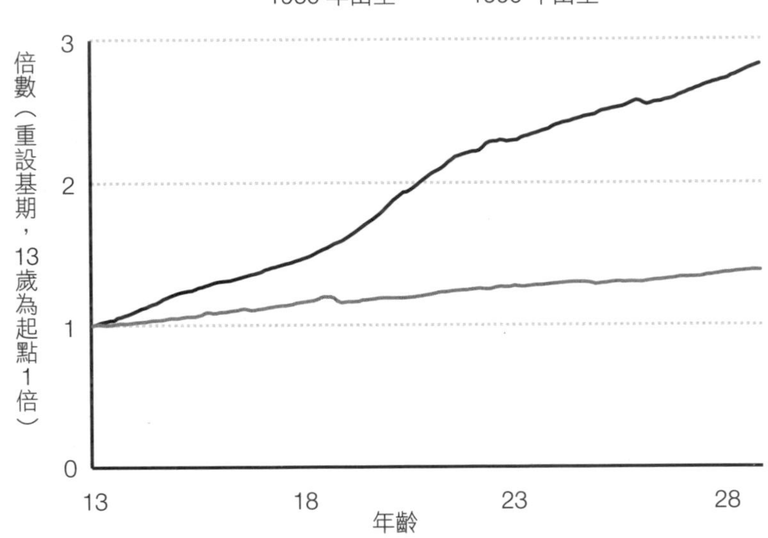

生時間而被劃分成不同的兩個世代，終其一生對股市如何運作有完全不同的看法。

或者可以看看通貨膨脹數字。如果你出生在一九六〇年代的美國，十幾歲至二十幾歲這十多年間正是容易受到外界影響的年輕歲月，你正在吸收經濟運作之道的基礎知識，結果物價上漲超過三倍，這可是超高水準。你會記得，在加油站前的排隊人潮與拿到的薪水都比之前少了很多。但如果你出生在一九九〇年，在你的整個人生中，通貨膨脹率一直維持在很低的水準，通貨膨脹或許從未出現在你的腦中。

二〇〇九年十一月，全美失業率大約一〇％，但是沒有高中文憑的十六歲至十九歲非裔美國男性失業率卻高達四九％；超過四十五歲擁有大學文憑的白人女性失業率則是四％。

第二次世界大戰期間，德國和日本的股票市場整個被掃平，戰後德國農地產出的作物僅能勉強支應全國公民每天一千大卡的熱量；相較之下，美國股市從一九四一年至一九四五年底卻翻漲超過一倍，經濟則展現出近二十年來最強勁的成長態勢。

沒有人應該期望這些世代的成員走過剩餘的一生時，對通貨膨脹、股市表現、失業率，或是金錢，全部抱持相同的看法。

沒有人應該期望他們以相同的方式回應金融資訊，沒有人應該假設他們會受到相同的誘因影響。

沒有人應該期望他們會相信相同的建議來源。

沒有人應該期望他們會對重要的事件、事物的價值、下一件可能發生的人事，以及最好朝哪個方向前進達成共識。

他們看待金錢的視角是由不同的世界形塑而成，在這種情況下，某一群人視為荒謬不已的金錢觀，在另一群人眼中可能是再合理不過的安排。

幾年前，《紐約時報》（*The New York Times*）刊登一篇報導，揭露台灣電子製造大廠富士康（Foxconn）的工作環境往往非常惡劣。讀者理所當然義憤填膺，不過有一名中國工人的姪子卻回應這篇報導，並提出一個十分有趣的看法，他寫道：

我的阿姨在美國人所謂的「血汗工廠」已經工作好幾年。這是很辛苦的工作，不僅工時長、薪資「少」，而且工作環境「糟透了」。不過你知道我阿姨去這些工廠當女工之前做的是什麼工作嗎？她是妓女。

在我看來，在「血汗工廠」工作比過去賺皮肉錢已經是一大進步。我知道我阿姨寧可被壞心的資本主義老闆「剝削」幾美元，也不願再被一堆男人只用幾分錢來剝削她的身體。

這就是為什麼許多美國人的想法讓我生氣。我們沒有和西方一樣的機會，我們政府的基礎建設截然不同。整個國家都不一樣。沒錯，進工廠就是做苦工。有可能會變得更好嗎？當然有可能，只要拿這些工作與美國的職缺相提並論。

我不確定該怎麼回應這個觀點。有一部分的我想要激烈抗辯，另一部分的我則想要理解他的想法。不過總的來說它就是一個很好的例子，闡明不同經歷可能在討論某些主題時會導向天壤之別的觀點，其中就是有一派人會直覺認定事情非黑即白。

人們會將當下蒐集到的資訊，置入自己用來理解世界運作方式的獨特心智模型，因此每個人做出的金錢決策都有正當理由。

人們可能會被誤導，他們掌握的資訊可能不完整，可能數學不好算錯了，可能被卑劣的行銷話術唬弄了，可能根本不知道自己在做什麼，可能誤判行動產生的後果。噢！人們真的可能會這樣。

但是，每個人做成的每一項財務決策，在當下都是有意義的，而且都是一再確認過各項條件的結果。他們會告訴自己一則可以自圓其說的故事，交代自己在做些什麼、為何這麼做，而且故事內容還是以自身獨特的經歷形塑而成。

舉個簡單的例子，就以樂透彩券來說吧。

美國人購買樂透彩券的金額超過看電影、買電玩遊戲、聽音樂、觀看體育賽事和買書的消費總和。

到底是哪些人在買樂透彩券？大多數是窮人。

在美國，最低收入的家庭平均每年花四百一十二美元在樂透彩券上，是最高收入族群的四倍；但是四〇%的美國人遇到緊急事故時卻湊不出四百美元。意思是說，整體而言，花四百美元購買樂透彩券的人，和遇到緊急事故時湊不出四百美元的人是同一群人。他們把自己的安全網揮霍在僅有幾百萬分之一機率中大獎的賭注上。

在我看來，這似乎很瘋狂，在你看來也有可能如此。不過我不屬於最低收入的階層，恐怕你也不是，所以我們多半很難直覺掌握低收入者下意識購買樂透彩券的理由。

但是你稍微用力想像一下，就會想到情況可能是這樣：

我們過著有錢就花的日子，儲蓄看似遙不可及。我們對於得到更高薪資的期望似乎也很難達成。我們無法負擔美好的度假、新車、健康保險，或是在安全的社區置產等等的費用；我們無法在不背債的情況下讓兒女念完大學；你們這些念過財務書籍的人現在或以後可能有機會擁有的資產，我們根本連想都沒想過。買張樂透彩券是我們人生中唯一懷抱真實美夢的時刻，幻想自己也可以得到你們已經理所當然擁有的財富。我們花錢買一場美夢，你們可能不懂道理何在，因為你們早就過著夢想的生活，這就是我們比你們花更多錢買樂透彩券的原因。

你不必同意這個推論。如果破產了還硬要買樂透彩券實在不是好主意，不過我稍微可以理解為何樂透彩券的銷售長紅。

「你正在做一些看似瘋狂的蠢事，但我似乎有點明白為何你要這樣做。」這種想法揭露我們許多財務決策的根源何在。

鮮少人純粹依據試算表做成財務決策，他們是在晚宴席間或是企業會議上敲定這些決策。在那裡，個人經歷、看待世界的獨特視角、自我、自尊、行銷話術和奇特的誘因，全都錯綜複雜的交織在一起，最終就變成一則說服你的故事。

—

接下來要談的另一個重點，就是體認到這個主題有多新穎，這有助於解釋為何金錢決策如此困難，而且為何會出現這麼多不當行為。

金錢已經存在很久了。一般認為，在西元前六百年，現今土耳其境內的古國利底亞（Lydia）國王亞里阿特（King Alyattes）創造第一枚官方貨幣。不過，儲蓄與投資這種現代金錢決策的基礎，實際上還是處於嬰兒期的概念。

圖 1.3　65 歲以上男性的勞動參與率

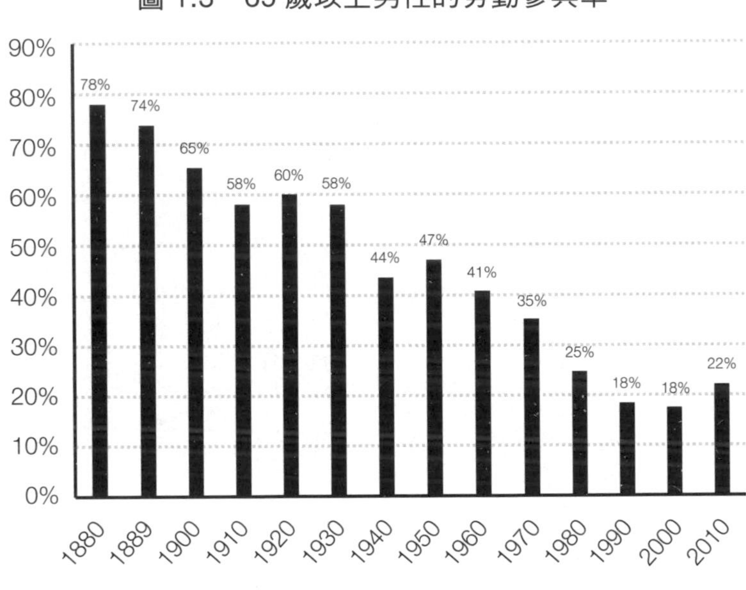

以退休為例。二〇一八年底，美國的退休帳戶總共有二十七兆美元，這使它成為一般投資人做出儲蓄與投資決策的主要驅動力。[5]

但是，退休這個概念頂多只有兩代人的歷史。

第二次世界大戰前，多數美國人工作到死亡為止，這既是當時人們預料之內的事，也是現實。直到一九四〇年代，六十五歲以上男性的勞動參與率仍高於五〇%。

社會安全政策（Social Security）*致力改變這個現象，但它最初的收益卻與適當的退休金相去甚遠。一九四〇年，史上第一位兌現社會安全支票的受益人愛達・梅・富勒（Ida May Fuller），將二十二・五四美元的支票換成現金，這筆錢經通膨調整後的金額是四百一十六美元。直到一九八〇年代，每位退休者拿到的社會安全支票經通膨調整後，平均每個月都超過一千美元。但到了一九六〇年代末期，六十五歲以上的美國人仍有超過四分之一被人口普查局（Census Bureau）歸類為貧困人口。

人們普遍相信：「以前人人都有私人退休金。」但這種說法實在是太誇張了。華府智庫員工福利研究所（Employee Benefit Research Institute）解釋：「一九七五年，六十五歲以上的人只有四分之一有退休金。」在這批幸運兒中，只有一五%的家庭所得來自退休金。

一九五五年，《紐約時報》報導，儘管退休的欲望日益高漲，但無力感揮之不去：「改寫一句老話：『人人都在談論退休，但顯然沒有幾個人因此做點事情。』」[6]

直到一九八〇年代，「每個人都值得、也應該得到有尊嚴的退休生活」的概念才確立，而且從此以後，帶著尊嚴退休的做法，就變成預期人人都會拿自己的錢去儲蓄與投資。

* 美國政府為老年人與部分殘疾族群提供的財政補助。

請讓我重申這個想法有多新穎：美國人退休主要使用的儲蓄工具四〇一（k）直到一九七八年才問世；羅斯個人退休安排計畫（Roth IRA）則是到一九九八年才誕生。要是換算成人類的年齡，差不多才剛開始可以飲酒而已。

我們大多數人不擅長為了退休去存錢和投資，這一點並不讓人意外。我們都不瘋狂，我們只不過都是新手罷了。

大學教育也是如此。一九四〇年，超過二十五歲、擁有學士學位的美國人占全體人口比例不到五％，到了二〇一五年已經成長至二五％。[7] 在這段期間，經通膨調整後的平均大學學費成長超過四倍。[8] 這個快速衝擊社會的數字不僅重大，也很重要，舉例來說，它足以解釋近二十年來為何許多人對於學生貸款做出錯誤決定。我們沒有累積幾十年的經驗可供參考。我們只能見招拆招。

創立至今不到五十年的指數基金也是如此；避險基金則是直到最近二十五年才崛起。即使是房屋貸款、信用卡與汽車貸款等現在蔚為流行的消費者信貸，都是在第二次世界大戰以後才陸續起飛，因為當時「軍人權利法案」（GI Bill）通過，幾百萬名美國人才比較容易貸款。

狗在一萬年前被人類馴化，至今仍保有野狗祖先的某些行為。而我們進入現代化金融體系才不過二十至五十年，卻希望可以完全適應。

對一個十分容易受到情感影響、卻相對較難被事實動搖的主題而言，這是個難題；但也有助於解釋，為何我們無法永遠只用理想的方式理財。

我們全都會拿錢去做瘋狂的事，這是因為相對來說，我們都是這場遊戲的新手，你認定瘋狂的事，在我看來可能十分合情合理。不過，沒有人真的是瘋子，我們都是依據自己獨特的經歷做出各種決定，在當下那個特定時刻，我們會覺得一切看起來很合情合理。

現在，就讓我告訴你知名企業家比爾．蓋茲（Bill Gates）致富的故事。

2

運氣與風險

世事總不如表象一樣好或一樣壞。

運氣和風險是兄弟，它們都呈現出相同的現實情況，那就是生活中的每一項結果都是由外力導致，而非個人努力所致。

當評斷自己或其他人的成功時，美國紐約大學（New York University）教授史考特・蓋洛威（Scott Galloway）有個相關的概念非常重要，值得銘記：「世事總不如表象一樣好或一樣壞。」

——

曾經全世界只有幾所高中有電腦，比爾・蓋茲進了其中一間。

美國西雅圖市郊的湖濱中學（Lakeside School）取得電腦的故事很值得一提。

比爾・道格（Bill Dougall）是第二次世界大戰期間的海軍飛行員，退伍後轉任高中數學與科學老師。「他相信，只是紙上談兵而沒有現實世界的體驗並不夠，他也明白我們上大學後必須懂一點電腦知識。」微軟（Microsoft）共同創辦人保羅・艾倫（Paul Allen）回憶時說道。

一九六八年，道格向湖濱中學的家長會（Lakeside School Mothers' Club）請願，希望用年度捐贈品慈善義賣大約三千美元的收益租用一部30型電傳打字機，可以用分時系統連到奇異電器（General Electric）的大型主機終端機。「分時系統的整體概念直到一九六五年才被發明出來，」後來蓋茲說：「有些人就是高瞻遠矚。」比爾·蓋茲升上八年級那年，多數大學研究所採用的電腦都還沒有他在學校使用的電腦先進。他從此一頭栽入這個領域。

一九六八年，十三歲的蓋茲認識同學保羅·艾倫，艾倫也對學校的電腦很著迷，兩個人一拍即合。

湖濱中學沒有把電腦納入一般教學課程，而是把它列為獨立的學習計畫。比爾和保羅可以在放學後、半夜與週末等課餘時間隨意使用電腦，任意發揮想像力。他們很快就成為電腦專家。

艾倫回憶起某個深夜時的場景，蓋茲在他面前看著《財星》雜誌（*Fortune*），一邊說：「想像一下，經營一家《財星》五百大企業會是什麼感覺？」艾倫坦承不知道，於是蓋茲說：「或許有一天我們會擁有自己的電腦公司。」時至今日，微軟的市值已經遠遠超過一兆美元了。

來做點簡單的數學計算。

根據聯合國的數據顯示，一九六八年，全世界處於高中生年紀的人數大約是三億零三百萬人。

其中約有一千八百萬人住在美國。

大約有二十七萬人住在華盛頓州。

僅十萬多一點的人住在西雅圖地區。

而且其中只有大約三百人進入湖濱中學就讀。

這個數學算式以三億零三百萬人開始，以三百人結尾。

也就是在一百萬處於高中生年紀的人裡，只有一個人可以進到這間既有錢租得起電腦、也有遠見的學校，比爾・蓋茲剛好是其中之一。

蓋茲從不諱言這件事代表的意義。二〇〇五年，他曾對湖濱中學的應屆畢業生說：「要是沒有湖濱中學，就沒有微軟。」

蓋茲聰明絕頂，甚至比其他人都更努力，而且在青少年時代就預見電腦的未來願景，當時甚至許多經驗老到的電腦主管都還沒有如此的遠見。進入湖濱中學也讓他擁有百萬分之一的領先優勢。

現在，讓我再說一則蓋茲好友肯特・艾文斯（Kent Evans）的故事。他和運氣的兄弟「風險」打交道，經歷與運氣同樣強大的力量。

比爾・蓋茲和保羅・艾倫因為微軟的成功而家喻戶曉，但是我們將時間倒回到湖濱中學時代，當時高中校園裡這個電腦神童小隊其實有第三個成員。

肯特・艾文斯和比爾・蓋茲在八年級時變成好友。蓋茲認為，艾文斯是全班最優秀的學生。

蓋茲在紀錄片《蓋茲之道：疑難解法》（*Inside Bill's Brain: Decoding Bill Gates*）中回憶，他們兩個人「每次拿起電話就像發神經似的講個不停」。「我至今還記得艾文斯的電話號碼，」他說：「五二五－七八五一。」

艾文斯就跟蓋茲與艾倫一樣精通電腦。湖濱中學有一度為人工編排的課程表苦惱不已，要讓幾百名學生拿到不和其他必修課程衝突的課程表，這項差事的複雜度和走迷宮不相上下。無論從哪個角度來看，蓋茲和艾文斯都只能說是小孩子，校方卻要他們打造一套解決這個問題的電腦系統。最後他們還真的搞定了。

艾文斯與保羅・艾倫不同，他和蓋茲都擁有商業頭腦與無窮的野心。「艾文斯總是提著大公事包，就像律師提的公事包一樣，」蓋茲回憶：「我們總是私下密謀未來五、六年要幹一番大事業。是要當執行長嗎？你能發揮什麼樣的影響力？我們會變成大將軍嗎？我們應該要當什麼大使嗎？」蓋茲和艾文斯知道，無論目標是什麼，他們都會一起行動。

蓋茲追憶著他與艾文斯的友誼，說話的聲音愈來愈小。「我們本來可以繼續合作，我確信我們會一起上大學。」艾文斯本來可以跟蓋茲和艾倫成為微軟的共同創辦人。

但這件事並沒有發生。艾文斯高中都還沒畢業就在一場登山事故中罹難。

在美國，每年大約有四十人死於山難。[9]而高中生在山上遇難的機率大概只有百萬分之一。

比爾．蓋茲在湖濱中學經歷到百萬分之一的好運，肯特．艾文斯卻是碰上百萬分之一的風險，結果無法與蓋茲一起實現理想。同樣的外力、相同的強度，卻是在相反的方向起作用。

運氣與風險都呈現出相同的現實情況，生活中的每一項結果都是外力所致，而非個人努力導致。它們是如此相似，你很難只信其一，卻不把另一個放在眼裡；它們都會發生，因為這個世界太複雜，不會任憑你採取百分之百的行動，就可以決定百分之百的結果；它們都由同一件事驅動：這是一場七十億名玩家與數不清的行動組成的賽局，你只是其中一個人。不受你掌控的行動所產生的意外衝擊，可能遠高於你謹慎行動所產生的後果。

但由於運氣和風險幾乎都無法衡量，而且難以承受，因此往往會讓大家漠視。只要哪裡冒出一個比爾・蓋茲這樣的幸運兒，同時就會出現一個肯特・艾文斯這樣的倒楣鬼，就算同樣技能高超、積極進取，最終還是落入人生賭盤的另一面。

你如果對運氣與風險予以適當的重視，就會明白，你在評判自己與其他人的財務成功時，世事總不如表象一樣好或一樣壞。

——

幾年前，我曾請教諾貝爾經濟學獎得主羅伯・席勒（Robert Shiller）：「關於投資，你會想知道哪些我們無法參透的道理？」

他回答：「運氣在成功投資中發揮的確切作用。」

這句話真是深得我心，因為沒有人真的認為，運氣從不曾在財務成功上發揮作用，但是因為我們很難把運氣量化，加上判斷其他人的成功多半是因為好運會顯得很魯莽，因此我們的預設立場經常是含蓄的忽視運氣這把成功之鑰。

要是我說：「全世界有十億名投資人。在純屬偶然的前提下，你會認為其中有十個人全憑好運就成為億萬富翁嗎？」你會回答：「當然啊。」不過，要是我再請你當著這十個人的面說出他們的名字，你很可能就會卻步了。

你在評斷其他人時，如果將他們的成功歸因為好運，會使你看起來心懷嫉妒、氣度狹小，即使我們知道運氣也是成功的因素之一；但是你在評斷自己時，如果將成功歸因為好運，卻又會太令人沮喪，怎麼樣也無法接受。

經濟學家巴胥卡・馬祖達（Bhashkar Mazumder）曾發表一項研究成果，發現兄弟之間收入的相關性，比他們身高或體重的相關性更高。如果你是高富帥，你的兄弟很可能跟你一樣富有，而不是跟你一樣高。我認為，我們多數人直覺上都知道這一點是真的，你接受的教育品質、敞開在你眼前的大門，都與雙親的社經地位高度相關。但是你每找來一對有錢的兄弟，我就能找出另一對不符合這項研究結果的手足。

從破產到沒有達到個人目標等各種形式的失敗都同樣被過度否定了。

失敗的企業難道不曾傾盡全力嗎？錯誤投資難道是源於事前思慮不周嗎？職涯發展不順一定是因為天性懶散嗎？當然，有時確實如此。

只是，有多少失敗是出於這些原因？我們很難得知。任何值得追求的事物，成功機率都不到一〇〇%，一旦你落在方程式中走霉運的那端，風險就會出現。就像運氣一樣，如果我們試圖釐清某個結果有多少比例來自有意識的決定，又有多少來自風險，整件事就會變得太困難、太混亂，也太複雜。

就說我買進一支股票好了，五年後股價依舊不上不下。很可能是我根本一開始買進時就做出錯誤決定，也很可能是雖然做了很好的決定，而且有八成的機率會賺錢，但我剛好落在倒楣的兩成那一端。但如何才能知道會出現哪個結果？我是犯了錯？還是經歷到風險的現實？

透過統計來衡量某些決定是否明智或許可行，但在現實生活中，任憑日子一天天過去，我們就是什麼事也沒做。那太費力了。我們偏愛簡單的故事，這些故事一點也不難懂，但往往很容易誤導我們。

我在投資人、商界領導人的圈子裡周旋好幾年才漸漸明白，別人的失敗通常會被歸咎於錯誤的決策，但自己的失敗往往是被風險纏上了。我在判斷你的失敗時，可能會偏好一種清晰、因果明確的簡單說法，因為我不知道你的腦子裡正在想些什麼。「你得到糟糕的結果，所以一定是錯誤的決定所導致。」對我而言，這種說法最合理。不過當我評斷自己時就可以說得天花亂墜，證明自己過去的決定有道理，並把糟糕的結果都怪到風險頭上。

財經雜誌《富比世》（*Forbes*）的封面故事不會表揚那些做出明智決定、卻不幸碰上風險的失敗投資人；不過幾乎肯定會表揚做出還不錯、甚至孤注一擲的決定，但卻得到好運的富有投資人。丟的是同一枚銅板，但結果卻大不相同。

這其中的危險在於，我們都還在努力學習哪些理財方式有效，哪些無效。

哪些投資策略有效？哪些無效？

哪些商業決策可行？哪些行不通？

你如何致富？又如何避免變窮？

我們傾向藉由觀察其他人的成敗經驗來找出教訓，並自行下結論：「學她這麼做，別學他這麼做。」

要是我們手上有一根魔杖，就能從所有結果中找出可以反覆操作的行動占比有多高，隨機發生的運氣與風險以某種形式影響那些行動的比重又有多高。但是我們沒有魔杖，只有一顆偏好簡單答案、無法察覺細微差別的大腦。所以，要找出哪些特徵應該仿效、哪些應該避免，根本難如登天。

就讓我告訴你另一個人的故事，那個人和比爾．蓋茲一樣空前成功，但他的成功很難歸因為運氣或技能。

康內留斯・范德比爾特（Cornelius Vanderbilt）剛完成一連串拓展名下鐵路帝國的商業交易。

其中一名商業顧問傾身向前告知范德比爾特，他所同意的每一筆交易都違反法律。

「我的天啊，約翰，」范德比爾特說：「你不會以為自己正依據紐約州的法規經營鐵路生意，對吧？」[10]

我讀到這裡，腦中浮現的第一個念頭是：「這種心態正是他飛黃騰達的關鍵。」在范德比爾特那個時代，法律並沒有特別關照鐵路業，所以他總是說「管他去死」，然後繼續我行我素。

范德比爾特的成就斐然，所以很容易讓人把他惡名昭彰、卻對成功很重要的目無法紀作風當成聖人智慧，他這種草莽好鬥的願景家，不會讓任何事情擋住他的路！

但是這樣的看法有多危險？頭腦清楚的人不會稱許公然犯罪是一種企業家特質。你很容易就能想像范德比爾特的故事最後出現的是完全不同的結果：非法份子創辦的企業在法院的命令下倒閉。

所以現在我們遇到問題了。

你可以高分貝讚揚范德比爾特大膽藐視法紀，一如你猛烈批評安隆（Enron）*做出的相同行徑。但或許一個只是僥倖逃過法律制裁，另一個則是發現自己被風險纏上。

約翰・洛克菲勒（John D. Rockefeller）也不例外。他經常鑽法律漏洞，因此曾有法官稱他的公司「沒有比一般的小偷高尚」，他也經常被歷史學家形容擁有狡詐的商業智慧。這些話說得也許沒錯，但你何曾聽過人們的評價從「你沒有讓過時的法律妨礙創新」，變成「你犯罪了」？或者，你也極少聽到「洛克菲勒真是天才，試著向他學成功」的說法變成「洛克菲勒是罪犯，試著向他學失敗」，幾乎從來不曾有人這麼說。

「我要在意法律嗎？」范德比爾特曾經這樣說：「我不是有那個權力嗎？」

他確實這樣做，而且也很有效。但是我們很容易想像出另一則結局大不相同的故事。大膽與莽撞之間僅有一線之隔。我們無法為風險和運氣列出適當的發生條件，它們往往隱而不見。

班傑明・葛拉漢（Benjamin Graham）可以說是有史以來最卓越的投資人之一，他是價值投資之父，也是華倫・巴菲特（Warren Buffett）早期的導師。不過班傑明・葛拉漢的成功主要歸功於擁有汽車保險商蓋可公司（GEICO）的大筆股票，他也坦承，這筆投資打破他在暢銷著作中提倡的多元分散法則。大膽與莽撞之間的界線究竟落在哪裡？我也不知道。葛拉漢如此形容蓋可公司如何讓他大發利市：「是一次出乎意料的好運，還是一個非常精明的決定，我們有能力區分嗎？」沒那麼容易。

我們同樣認為二〇〇六年馬克·祖克柏（Mark Zuckerberg）拒絕雅虎（Yahoo!）提出十億美元收購他的公司是聰明的決定，因為他預見未來、堅定立場。但是人們也非常喜歡批評雅虎拒絕微軟的高額收購要約，說這批愚蠢的主事者應該在還能將公司變現時出場！對創業家來說，到底應該學哪個教訓？我也不知道，因為風險與運氣其實很難確定。

這類例子不勝枚舉。

數不盡的好運（與失敗）都將結果歸咎於槓桿作用。

最優秀（與最拙劣）的經理人都盡全力敦促員工。

「客人永遠是對的」和「客人根本不知道自己要什麼」也都是公認的商場智慧。

「激勵人心的大膽行動」和「愚昧的不顧後果」間，界線可能只有一公釐這麼精

＊ 安隆曾是世界最大能源公司，二〇〇一年因為爆發作假帳事件而破產。

細，非得等到事後才能看清楚。

風險與運氣是一體兩面。

這不是一道容易解決的難題。當我們試圖學習理財的最佳方式時，確認何者是運氣、何者是技巧，何者又是風險，正是我們面臨的最大難題之一。

但是，以下兩件事能夠為你指出更明確的方向。

留意自己讚揚、欣賞的對象；當心自己輕視、避之唯恐不及的對象。

或者，當你假設所有結果都可以百分之百歸功於努力與睿智的決定時，要多加小心。兒子出生後，我寫了一封信給他，其中一段是說：

有些人出生在鼓勵受教育的家庭，有些人則否；有些人出生在鼓勵創業家精神的榮景時期，有些人則是出生在戰亂連綿、赤貧困苦的時代。但我希望你能成功，我也希望你自己取得成功。但你要明白，不是所有成功都源自努力工作，也不是所有貧困都源於懶惰。當你在評斷其他人，包括評斷自己時，這一點請謹記在心。

因此，請不要聚焦特定人士與個案研究，反倒應該更關注廣泛適用的模式。

研究某個特定對象可能很危險，因為我們傾向於研究極端案例，像是億萬富豪、企業執行長，或是占據新聞版面的天價失敗個案。這些往往都是不適用在其他情況的極端案例，因為它們的情況很複雜。結果愈極端，你就愈難將這些教訓套用在自己的人生上，因為這類結果愈可能受到極端的運氣或風險左右。

尋找廣泛適用的成功和失敗模式，就會更接近高度可行的作為；模式愈常見，就愈容易套用在自己的人生上。試圖仿效華倫．巴菲特的投資成功經驗很困難，因為他的結果太極端了，在他一生的成就中，運氣扮演的角色可能非常吃重，但運氣不是模仿就學得來。不過就像第七章會讀到，有個廣泛、常見的觀察結果是，掌控自己時間的人通常在一生中會比較快樂，你可以按照這個觀察採取行動。

我最喜歡的歷史學家是費德烈．路易士．艾倫，他一生的工作都在描繪美國普通中產階級的生活，好比他們如何過生活、如何改變、做哪些工作謀生、晚餐吃些什麼等等。這類廣泛觀察，會比研究那些占據新聞版面的極端人物得到更切身的教訓。

比爾．蓋茲曾說：「成功是最差勁的導師，會誤導聰明人以為自己絕不會失敗。」當事情進展超級順利時，請謹記，世事總不如表象一樣好。你並非無堅不摧。要是你承認運氣帶給你成功，那麼你就得相信，風險身為運氣的兄弟，也有能力讓你的故事一夕翻盤。

但是，反之亦然。

失敗也可能是最差勁的老師，因為它會誤導聰明人自以為做出糟糕的決定，但事實上只不過是反映風險無情的現實面而已。與失敗打交道的訣竅在於，採用一種即使做出糟糕的投資、搞砸財務目標，也不致於擊潰你的方式來安排你的財務生活，這樣你就能撐下去，直到幸運之神上門。

不過，更重要的是，就像我們明白運氣在成功過程中發揮關鍵作用，風險也是，這意味著當我們在評斷失敗時，應該原諒自己，並留一點空間理解全貌。

世事總不如表象一樣好或一樣壞。

現在，讓我們來看看兩個愚蠢冒險的故事。

3

永不知足

當有錢人做出瘋狂的事。

二〇一九年去世的先鋒集團（Vanguard）創辦人約翰．伯格（John Bogle）說過一則與金錢有關的故事，凸顯我們未曾深思的重要意涵：

一名億萬富豪在美國紐約州的雪特島（Shelter Island）舉辦一場派對，寇特．馮內果（Kurt Vonnegut）對友人約瑟夫．海勒（Joseph Heller）說，派對主人是一位避險基金經理人，一天賺到的錢，遠比海勒從廣受歡迎的小說《第二十二條軍規》（*Catch-22*）至今收到的版稅還高。海勒回答：「是這樣沒錯，不過我擁有一樣他絕對沒有的實物……那就是知足。」

知足，這個簡單的詞讓我震驚，有兩個理由：首先，因為我這輩子一向是要什麼有什麼；再者，因為沒有什麼比約瑟夫．海勒說的話還精確。

對於我們社會的重要組成份子，包括我們之中許多最富裕、最有權勢的人而言，今天對於知足的要求似乎沒有極限。

它如此精明、如此強大。

請讓我舉兩個因為不知足而招致危險的例子，並闡述它們帶來的教訓。

拉傑特・古普塔（Rajat Gupta）出生在印度加爾各答（Kolkata），十幾歲就成為孤兒。如果少數特權階級的人生起跑點設在三壘，那古普塔的人生起點甚至是在看不到棒球場的地方。

但他從這個起點往上爬的歷程簡直令人嘆為觀止。

古普塔四十多歲時擔任全球最負盛名的顧問公司麥肯錫（McKinsey）執行長，二〇〇七年退休後到聯合國和世界經濟論壇（World Economic Forum）任職。他與比爾・蓋茲並肩推動慈善工作，還在五家上市企業擔任董事。出身加爾各答貧民窟的古普塔，實際上已經成為當今最成功的商業人士之一。

龐大財富隨著成功而來。二〇〇八年，據說古普塔的身價高達一億美元。[11] 對多數人來說，這可是難以計量的巨款。若以年報酬率五％計算，這筆巨款每小時就可以為古普塔帶來將近六百美元的收入。

這代表他可以想做什麼就做什麼。

從各方面來說，拉傑特・古普塔不只想成為億萬富翁，他還想要讓身價超過十億美元。他非常想要達到這個成就。

古普塔是投資銀行高盛（Goldman Sachs）的董事，往來對象盡是全世界最有錢的投資人。在提到私募基金大亨的薪資時，一位投資人如此形容古普塔：「我覺得他想要打進這個圈子。這就是所謂的億萬富豪圈，是吧？高盛就是這麼一個億萬富豪圈，對吧？」[12]

說對了。所以古普塔找到一個有利可圖的兼職。

二〇〇八年，高盛緊盯著金融危機的野火燎原，華倫．巴菲特計畫投資五十億美元協助這家銀行度過難關。古普塔身為高盛的董事會成員，早在消息公布之前就知道這項交易。這可是價值連城的資訊。高盛生死未卜，巴菲特出手金援肯定會推升股價。

參與董事會電話會議的古普塔，在得知這項交易十六秒後，掛斷電話，並火速打電話給避險基金經理人拉吉．拉賈拉南（Raj Rajaratnam）。這通電話並沒有錄音，但拉賈拉南隨即買進十七萬五千股高盛股票，所以你很容易就能猜到電話中說些什麼。幾小時後，巴菲特和高盛的交易正式對外公布，高盛股價扶搖直上，拉賈拉南很快賺到一百萬美元。

這只是疑似犯法的其中一個案例。美國證券交易委員會（Securities and Exchange

Commission, SEC）聲稱，古普塔提供的內線消息總共創造一千七百萬美元的獲利。

這筆錢得來不費工夫。而且，對檢察官來說，這也是相對容易處理的弊案。

古普塔和拉賈拉南都因為內線交易入獄，他們的職業生涯和名譽都毀於一旦，無法挽回。

現在我們來看伯納・馬多夫（Bernard Madoff）的例子。他的罪行人盡皆知。在查爾斯・龐茲（Charles Ponzi）的龐氏騙局（Ponzi scheme）*後，馬多夫堪稱是最惡名昭彰的「龐氏騙子」。他在騙局踢爆前已經詐騙投資人長達二十年。諷刺的是，事件發生在古普塔的醜聞剛曝光幾週之後。

大家會忽視這些情況是因為馬多夫就跟古普塔一樣，他們都比詐騙份子還要高明。在醜聞讓馬多夫出名之前，他可是一位十分成功、受到認可的生意人。

馬多夫是配對股市買賣雙方的造市者（market maker），而且幹得有聲有色。一九九二年，《華爾街日報》（*The Wall Street Journal*）如此描述馬多夫創辦的造市企業：

* 龐茲成立一家承諾提供高額獲利的空殼公司到處吸金，然後將之後加入的投資人所繳的錢付給早期投資人，引誘更多人上當，直到整個機制無法持續下去為止。

他打造一家獲利超高的證券公司：伯納・馬多夫投資證券公司（Bernard L. Madoff Investment Securities），從紐約證券交易所吸取龐大的股票交易量。馬多夫的公司每天在場外進行的電子交易量平均大約七億四千萬美元，相當於紐約證交所九%的交易量。馬多夫的公司之所以可以如此快速、廉價的執行交易，全因為它花錢請其他經紀公司以一股一美分的價格執行客戶的訂單，賺取大多數股票交易過程中買賣之間的價差。

這不是新聞記者針對還沒被踢爆的詐欺案寫下的錯誤描述，馬多夫的造市業務完全是合法生意。一名離職員工說，馬多夫公司的造市團隊每年貢獻的營收介於兩千五百萬至五千萬美元之間。

無論從哪方面來看，伯納・馬多夫的合法、非詐欺業務都稱得上是空前成功，讓他合法累積龐大的財富。

然而，他還是犯下詐欺。

我們應該要問古普塔和馬多夫的問題是，明明已經是億萬富翁了，怎麼還會寧可賭上一切風險也要賺更多錢？

為了活下去而犯罪是一回事。一名奈及利亞詐騙慣犯對《紐約時報》說，他傷害別人會有罪惡感，但「貧窮會讓你感覺不到那種痛苦」[13]。

不過古普塔和馬多夫的作為卻不是這麼一回事。他們已經要什麼有什麼：難以想像的財富、聲望、權力、自由。但他們棄這一切於不顧，只因為一心渴求要得到更多。

他們從不**知足**。

他們是極端的個案，但是這類行為也有非犯罪版本。

美國避險基金長期資本管理公司（Long-Term Capital Management）聘請的交易員，個個身價都是上億美元起跳，他們也都將大部分財富投資在自己操盤的基金裡。然後承擔很高的風險，賭上一切身家追求更多財富。結果，就在史上最火熱的多頭市場、經濟最強健的一九九八年一敗塗地。後來華倫·巴菲特說道：

> 他們為了賺進不屬於自己、其實也不需要的錢，竟然冒險動用自己擁有、而且不可或缺的錢。這麼做實在很蠢，真的是太蠢了。為了一件對你不重要的事情，賭上一樣對自己意義重大的事物，實在一點道理也沒有。

沒有理由為了自己沒有、不需要的事物，賭上自己擁有、不可或缺的事物。

這是再明顯不過的事，但大家總是視而不見。

我們之中沒有幾個人能像古普塔或馬多夫一樣擁有一億美元的財富，但是本書的讀者中，有一定比例的人會在人生某個時刻賺進一份優渥薪水，或是擁有一筆豐厚現金，足以支應每一項合理的需求與很多想要的事物。

如果你屬於這個族群，請謹記以下幾件事。

第一，最困難的理財技能是實現目標後停止繼續追逐。

這是最重要的一點。如果期望隨著結果增加而上升，拚命追求更多就是一件毫無邏輯的事，因為即使你付出更多努力來實現目標，最終的感受還是一樣。當你想要得到愈來愈多，好比希望擁有更多的財富、更大的權力、更高的聲望等，情況就很危險了，因為野心增加的速度遠比感到滿足的速度還來得快。在這種情形下，你每往前踏出一步，就會把目標再往前推進兩步。你感覺自己似乎落後了，迎頭趕上的唯一之道就是冒著愈來愈大的風險。

現代資本主義善於創造兩件事：產生財富、激化嫉妒。或許這兩件事根本就是密不可分；想要超越同儕的欲望，可能是敦促你埋頭苦幹的動力。但是，人生不懂得**知足**便毫無樂趣可言。就像俗話常說，幸福只是扣除期望之後得到的結果。

第二，社會比較正是問題的核心。

試想一名年薪五十萬美元的菜鳥棒球員。就任何定義而言，他都是有錢人。但是假設他和擁有價值四億三千萬美元、十二年長約的麥可・楚奧特（Mike Trout）在同一支球隊，相較之下，菜鳥棒球員就屬於破產等級。不過我們再來想想麥可・楚奧特的情況，年薪將近三千六百萬美元可以算是瘋狂的天價，但是在二〇一八年如果想躋身年收入排名前十大的避險基金經理人榜單，最低門檻是三億四千萬美元。[14] 這些人才真的是楚奧特可能會比較收入的對象。年收入三億四千萬美元的避險基金經理人會拿自己和前五名的同業相比，二〇一八年，這些同業至少賺進七億七千萬美元。頂尖的基金經理人可能會想要向華倫・巴菲特這些大師看齊，二〇一八年，巴菲特的個人財富激增三十五億美元。巴菲特這些富豪可能又會想要追上傑夫・貝佐斯（Jeff Bezos），二〇一八年，貝佐斯的淨資產增加兩百四十億美元。這個數字意味著，貝佐斯每分鐘賺到的錢，比「富有的」棒球員一整年賺到的收入還多。

重點是，社會比較的天花板實在太高了，幾乎沒有人碰得到。意思是，這根本是一場打不贏的戰爭，或者說，打贏的唯一方法就是一開始別參戰，就算賺得比身邊的人還要少，只要坦然接受自己已經知足就好。

我有個朋友每年都去賭城拉斯維加斯朝聖。有一年他問莊家：「你都玩什麼遊戲？你上哪一家賭場？」莊家一臉嚴肅的回答：「在拉斯維加斯賭場唯一可以贏錢的方法是，進門後盡快出去。」

這句話對試圖苦苦追上其他人財富的金錢遊戲一樣適用。

第三，「知足」不代表得到的太少。

「知足」的說法聽起來可能很保守，白白將機會與可能性擱在一旁。

我不認為這種看法是對的。

「知足」能讓人意識到，一旦落入相反的情況，也就是「貪得無厭追求更多」，你會被推向後悔莫及的地步。

你想知道自己是不是超級大胃王，唯一的方法就是吃到身體出毛病為止。鮮少有人試圖這麼做，因為就算食物再美味，嘔吐會令人更痛苦。但出於某些原因，這套邏輯沒有應用在商業與投資領域，導致許多人除非身敗名裂或受到外力影響，否則不會停止追求更多的腳步。這樣的狀況可能是出於無辜，例如工作過勞，或是打造出無法駕馭的高風險投資組合。更極端的例子也有像拉傑特・古普塔與伯納・馬多夫這樣的人，他們採取偷雞摸狗的行徑，因為對他們來說，無論後果如何，每一塊錢都值得他們爭取。

不管是哪一種情況，對可能賺得的金錢毫無抵抗力的心態，最終都會找上你。

第四，有許多事情無論潛在獲利多龐大，永遠不值得冒險。

拉傑特・古普塔從監獄獲釋後曾對《紐約時報》說自己學到一個教訓：

> 不要太執著任何事，不管是你的名聲、你的成就，還是其他事情。現在我認為，這些事情能有多重要？沒錯，這件事不合理的毀去我的名聲，但如果我還在執著自己的名聲，那就麻煩大了。

這番話聽起來像是他從自身遭遇中記取最難堪的教訓，但我猜想，這個人雖然做出一番令人欣慰的自我辯解，但事實上他很想挽回名聲，只不過知道一切都回不去了。

名聲是無價之寶。

自由和獨立是無價之寶。

家人和朋友是無價之寶。

被所有你希望真心愛你的人所愛是無價之寶。

幸福是無價之寶。

你如果想保有這一切，最佳做法就是知道何時應該適可而止，不再甘冒可能傷害它們的風險。當你**知足**時要有自覺。

好消息是，打造**知足感**最強大的工具非常簡單，而且根本不用冒著可能傷害任何無價之寶的風險。下一章就要告訴你。

4

讓人混淆的複利

華倫·巴菲特 845 億美元的淨資產中，
有 815 億美元是過了 65 歲生日才得到。
我們的腦子天生不適合處理這類奇怪的事。

某個領域的教訓往往可以在另一個不相關的領域教導我們一些重要的事。以幾十億年前的冰河時期為例，看看它們可以在財富累積上教導我們什麼事。

我們對地球科學的了解遠比你想像的還要少。理解世界的運作之道通常需要鑽探到地表以下的深處，但是我們直到最近幾十年才有能力做到。相對的，牛頓在我們理解地球基本知識的幾百年前，就已經計算出恆星的運動定律。

直到十九世紀，科學家們才同意地球曾多次被冰層覆蓋，[15]因為有太多的證據指向和以往不同的論證。世界各地都可見過往冰封世界遺留的顯著特徵：偌大的巨岩任意散落在各處；岩床一再被切削成薄薄的岩層。證據再清晰不過，地球不只經歷過一次冰河時期，我們可以測量到五個不同的冰河時期。

冰層先凍結整座地球、然後消融，接著再一次凍結，這個反覆過程需要的能量著實驚人。到底是什麼原因導致地球經歷這一次次的循環？這肯定是我們這個星球上最強大的力量。

確實如此。只不過，它並非以任何人預期的方式運作。

有很多理論說明為何地球會出現冰河時期，解釋冰河造成巨大地質影響的各種理論一樣也很多。據信，山脊隆起可能會使地球的風向扭轉，足以改變整體氣候；其他人則獨鍾另一種說法，即冰河時期是自然狀態，但是被大量火山爆發造成的暖化所阻斷。

不過，上述理論都無法解釋冰河時期的循環過程。山脊隆起或某一場大規模火山爆發或許足以說明某一段冰河時期的成因，卻無法解釋為何有五次冰河時期週期性的重複發生。

一九〇〇年代初期，塞爾維亞科學家米魯汀・米蘭科維奇（Milutin Milanković）研究地球相對其他行星的位置，因此提出現在我們已經清楚知道的冰河時期理論：太陽和月亮的引力會微幅影響地球轉動，並朝著太陽方向傾斜。這段週期中可能有長達幾萬年的時間剛好使南北半球接收到的太陽輻射比過去稍微多一些或少一點。

好玩的發展就從這裡開始。

米蘭科維奇的理論一開始是假設，南北半球稍微傾斜就足以引發嚴酷的寒冬，將整個地球變成一顆冰球。但俄羅斯氣象學家維拉迪米爾・科本（Wladimir Köppen）深入鑽研米蘭科維奇的研究結果，竟發現一個令人著迷的細微差別。

事實上，讓地球結冰的罪魁禍首是涼爽的夏季，而非嚴酷的寒冬。

事情是這樣演變的。一旦夏季不夠炎熱，無法完全使前一個冬季殘留的雪量融解，剩下的冰層就會使下一個冬季來臨時更容易累積大量積雪，於是提高下一個夏季來臨前積雪增厚的機率，然後又會讓當年年底的冬季繼續積雪。永久的積雪層反射更多陽光，充分的水氣使冷卻速度加快，因此帶來更多降雪，情況如此反覆上演。就在幾百年內，原本季節性的積雪漸漸堆積成一塊大陸冰原，然後你就可以在上頭溜冰了。

反之亦然。地球軌道傾角讓更多陽光融化寒冬的雪堆，未來幾年就會反射更少陽光，因而推升溫度，導致來年的降雪減少。情況如此反覆上演，這就是氣象週期。

這些發展讓人驚訝的地方在於，某些重大的事件竟然會從環境中相對細微的小小改變開始擴大。一開始只是涼爽夏季中來不及融化的淺薄冰層，沒有人會產生任何聯想，然後就在地質學上一眨眼的功夫，整個地球就覆蓋著幾英里高的厚重冰層。正如冰河學家格溫．舒爾茨（Gwen Schultz）所說：「冰原的形成不必然是由雪量導致，反而是長久堆疊的細雪所導致。」

冰河時期這堂課提供的一大收穫是，你不用費盡九牛二虎之力，也能創造出驚人的成果。

如果說某件事情有複合效果，這是指一點點的成長就足以成為未來成長的動力，一個小小的基礎就能帶來卓越的成果，這聽起來似乎不符邏輯。可能真的太不合邏輯，以致於讓你低估未來的可能發展、成長與結果。

理財的邏輯也是如此。

有超過兩千本書在談華倫．巴菲特的致富之道，很多書都寫得很好，不過只有幾本書注意到最簡單的事實：巴菲特的財富不單單是因為他是頂尖的投資人，更因為他從小就已經是投資好手。

在我寫到這裡的時候，華倫．巴菲特的淨資產高達八百四十五億美元，其中八百四十二億美元是在過五十歲生日之後才得到的；八百一十五億美元則是在他六十多歲有資格加入社會安全計畫之後得到的。

華倫．巴菲特是傑出的投資人，但把他的成功全都歸功於精明的投資，那重點就錯了。他成功的真正關鍵在於，他在七十五年來都是傑出投資人。如果他三十多歲才開始投資，六十多歲就退休，就不會享譽全球。

我們來做個小小的腦力實驗。

巴菲特在十歲時開始認真投資，到了三十歲就已經有一百萬美元的淨資產；經通膨調整後的金額是九百三十萬美元。[16]

如果他像一般人一樣，將青少年與二十多歲的青春時光花在探索世界、發掘個人的熱情所在，到了三十歲時他會有多少淨資產呢？假設有兩萬五千美元好了。

再假設，他仍然每年賺取驚人的報酬率（年報酬率二二%），卻在六十歲時停止投資並退休，改過著打高爾夫球、含飴弄孫的生活。

這樣的話，今日他的淨資產大概有多少？

不是八百四十五億美元。

而是一千一百九十萬美元。

比他實際的淨資產少了九九．九%。

實際上，華倫．巴菲特的所有財務成就都與他在青春期打下的財務基礎，加上在老年期維持長壽密不可分。

他的技能是投資，但他的祕訣是時間。

這就是複利發揮威力的結果。

換個方式思考。巴菲特是有史以來最有錢的投資人，但以平均年報酬率來衡量的話，他其實並不是最頂尖的高手。

一九八八年以來，避險基金文藝復興科技（Renaissance Technologies）創辦人吉姆・西蒙斯（Jim Simons）每年以六六％的複利增加財富。無人能出其右。正如我們已經看到，巴菲特以大約二二％的複利增加財富，速度只有前者的三分之一。

在我寫作時，西蒙斯的淨資產是兩百一十億美元。雖然我知道比較這個天文數字實在荒謬，不過他的財富還是比巴菲特少七五％。

如果西蒙斯才是更好的投資人，為什麼兩人擁有的財富差距這麼大？這是因為，西蒙斯直到五十歲左右才確定自己的投資步調，他可以發揮複利的時間比巴菲特少一半。要是吉姆・西蒙斯以巴菲特建立財富的時間來投資，以年度報酬率六六％計算，他的身價會高達……請屏氣凝神看仔細……六千三百九十京七百八十一兆七千八百零七億四千八百一十六萬美元。

這實在是不可思議的數字。但重點是，在假設會持續成長的狀態下，看似細微的小改變，都可能導致不可思議的數字。所以，當我們研究為何某件事物變得如此強大，好比為什麼冰河時期會形成，或是為什麼華倫・巴菲特可以如此有錢時，我們經常忽視成功的關鍵動力。

我聽許多人說過的故事是，當他們第一次看到複利表，或是當他們得知如果二十多歲而非三十多歲就開始存款，到了退休時會多存到多少錢的時候，人生就此產生改變。但他們的人生可能沒有變。實際上，這件事讓他們**很訝異**，因為直覺上會認為眼前的結果似乎有錯。線性思考比指數型思考更直覺。假設我要求你在腦子裡計算八加八加八加八加八加八加八加八加八加八，你可能在幾秒內就會說出答案（答案是七十二），但是如果我要你在腦子裡計算八乘八乘八乘八乘八乘八乘八乘八乘八乘八，你可能一個頭兩個大（答案是一億三千四百二十一萬七千七百二十八）。

一九五〇年代，IBM打造出一顆三．五MB（megabyte）的硬碟；到了一九六〇年代，硬碟容量增加至幾十MB；一九七〇年代，IBM的溫徹斯特（Winchester）磁碟有七十MB。之後硬碟容量就朝尺寸更小、容量更大的方向指數型成長。到了一九九〇年代初期，一部常見的個人電腦，配備的硬碟容量介於兩百至五百MB。

然後……轟的一聲，電腦世界暴衝了。

一九九九年：蘋果（Apple）的麥金塔電腦（iMac）配備六GB硬碟。

二〇〇三年：威力麥金塔（Power Mac）配備一百二十GB硬碟。

二〇〇六年：新一代麥金塔電腦配備二百五十GB硬碟。

二〇一一年：第一顆四ＴＢ硬碟問世。
二〇一七年：六十ＴＢ硬碟問世。
二〇一九年：一百ＴＢ硬碟問世。

綜上所述：從一九五〇年至一九九〇年，硬碟容量增加二百九十六ＭＢ；一九九〇年至今，硬碟容量增加一億ＭＢ。

假若你是一九五〇年代的科技樂觀主義派，很可能已經預測到實際硬碟容量會成長一千倍；而如果你提供最大膽的預測，硬碟容量也許會成長一萬倍，但很少人會誇口說：「在我有生之年硬碟容量會擴大三千萬倍。」可是這才是真正發生的事。

複利這種違反直覺的特質，甚至使我們當中最聰明的人都忽視他們的力量。二〇〇四年，比爾・蓋茲批評新版Gmail，質疑究竟誰會需要一ＧＢ的儲存空間。對此，作家史蒂芬・李維（Steven Levy）寫道：「儘管他傳播前瞻技術，卻對儲存空間仍然抱持舊有的心態，認為這是需要節約的資源。」你永遠無法習慣事情可以用多快的速度成長。

這裡的危險在於，當複利不合乎直覺時，我們經常會忽視它的潛力，反而著重在採行其他做法來解決問題。這不是因為我們想太多，而是因為我們很少停下來思考複利的潛力。

探討巴菲特成功學的兩千本書中，沒有一本的書名是《這個傢伙已經持續投資七十五年》（*This Guy Has Been Investing Consistently for Three-Quarters of a Century*），但我們知道這才是他成功的主要關鍵，只不過你的腦子很難朝那種數學算式的方向思考，因為那不符合直覺。

有許多書探討經濟週期、交易策略與產業對策，但最有威力、而且最重要的書應該要取名為《閉上嘴巴，等就對了》（*Shut Up And Wait*）。這本書只有一頁，上面畫著長期的經濟成長圖。

我們得到的實際收穫是，大部分讓人失望的交易、糟糕的策略與成功的投資嘗試，很可能都得歸因於複利違反直覺的特性。

你無法責怪其他人竭盡全力去學習與行動，試圖賺取最高的投資報酬，直覺上來說，這似乎是致富的最佳之道。

但是，高明的投資方法不必然得賺到最高報酬，因為最高報酬往往是無法重複的一次性成功。高明的投資是要賺到不錯的報酬，這是你可以堅持下去，並在最長的時間裡重複執行的方法。那就是把握複利狂飆的時候。

相反的情況，也就是賺取無法保留的高額報酬時，將會導致某些悲劇發生。我們需要再用一章來說這個故事。

5

致富與守財

高明的投資術不必然與做好決策有關，
而是與持續不讓事情出錯有關。

致富手段百百種，有許多書都在教導我們如何致富。但是守財只有一種方法：將節儉和戒慎恐懼結合起來。

這是我們討論還不夠多的主題。

就讓我們快速介紹兩位投資人的故事。他們互不認識，但是大約在一百年前，他們的人生道路以一種有趣的方式交會。

——

傑西．李佛摩（Jesse Livermore）在他的時代是最傑出的股票交易員。他出生於一八七七年，早在絕大多數的人都還不知道什麼是專業交易員之前，就已經成為業界好手。三十歲時，他的身價在通膨調整後相當於一億美元。

一九二九年，傑西．李佛摩成為全世界最知名的投資人之一。股市在那一年崩盤，隨後引發經濟大蕭條，卻因此鞏固他的歷史地位。

一九二九年十月的某一週，股票市值跌掉超過三分之一。這個星期裡有幾天被後人命名為黑色星期一、黑色星期二與黑色星期四。

十月二十九日那天，李佛摩回到家前，他的妻子桃樂絲（Dorothy）非常擔憂，因為紐約到處都在報導華爾街投機客自殺的新聞。她與兒女哭著站在玄關迎接李佛摩，她的母親則是心急如焚的躲在另一間房裡放聲尖叫。

根據傳記作家湯姆．魯拜森（Tom Rubython）的記載，李佛摩困惑的呆立在原地好一會兒，才恍然大悟發生什麼事情。

他隨即向家人宣告好消息：由於他的天才之舉，加上好運上門，他早一步放空股市，押注股票會下跌。

桃樂絲問：「你的意思是我們沒有破產？」

李佛摩說：「親愛的，沒這回事。今天是我賺最多錢的交易日。我們的錢多到花不完，可以想做什麼就做什麼。」

後來桃樂絲跑進母親房裡，請她冷靜下來。

光是在這一天，傑西．李佛摩就賺進超過三十億美元。

在股票市場史上最糟糕的一個月，他反而成為全世界最有錢的富豪之一。

正當李佛摩的家人歡慶他們贏得無可限量的成功時，另一位男士卻絕望的徘徊在紐約街頭。

亞伯拉罕．喬曼斯基（Abraham Germansky）原是身價千萬美元的房地產開發商，在咆哮的一九二〇年代致富。隨著經濟蓬勃發展，他做了一九二〇年代末期幾乎每一名成功的紐約客都在做的事：重金押注日益高漲的股市。

一九二九年十月二十六日《紐約時報》刊登一篇文章，其中兩段描繪一場悲慘的結局：

> 昨天早上，百老匯大道兩百二十五號的律師伯納．山德勒（Bernard H. Sandler）接獲維農山莊（Mount Vernon）的亞伯拉罕．喬曼斯基夫人請求，協助尋找她的先生，他從星期四早上就失蹤了。山德勒說現年五十歲的喬曼斯基在東區經營房地產業務，並以重金投資股市。
>
> 山德勒還說，喬曼斯基夫人告訴他，星期四晚上有個友人曾在證交所附近的華爾街上看到她丈夫。根據她的消息來源，當時她的丈夫一邊走向百老匯大道，一邊將一條電報紙帶*撕碎，撒落在人行道上。

就我們所知，那就是亞伯拉罕．喬曼斯基的末日。

在這裡我們看到兩人形成的對比。

一九二九年十月的股市大崩盤，造就傑西．李佛摩成為全世界最有錢的富豪；卻毀了亞伯拉罕．喬曼斯基，或許還奪走他的性命。

但是，時間快轉到四年後，這兩個故事再次有了交集。

李佛摩在一九二九年一夕致富之後，躊躇滿志，下的賭注愈來愈大。他深陷在不斷增加的債務中，到了無法負荷的程度，最後在股市中輸掉一切。

在破產與羞愧下，他在一九三三年整整消失兩天，他的妻子到處找他。一九三三年的《紐約時報》寫道：「股市操盤手傑西．李佛摩在公園大道一千一百號前面失蹤，昨天下午三點至今都沒有人看到他。」

後來他回到家，但是命運已成定局。最終，李佛摩親手結束自己的生命。

雖然事情發生的時間不同，但是喬曼斯基與李佛摩都有同一種人格特質：他們都非常擅於致富，也同樣不擅於**守財**。

即使「富有」這個詞與你完全無關，但是從這個故事中觀察到的教訓，適用於所有收入水準的人。

---

* 當時即時股價都會列印在電報紙帶上，供投資人查詢。

致富是一回事。

守財卻是另一回事。

——

如果我必須用幾個字來總結成功的理財法，那就是「活下去」。

正如我們會在第六章讀到，所有成功上市的企業中，有四〇％的企業市值會隨著時間慢慢消失。平均而言，《富比世》四百大富豪榜每十年的汰換率大約是二〇％，原因卻與死亡或將財富轉移給其他家族成員無關。[17]

資本主義很難。不過會發生這種情況的部分原因是，致富和守財是兩種完全不同的技能。

想要致富就得冒險，還得保持樂觀，並勇於踏出舒適圈。

但是守財需要與冒險相反的技能，你得保持謙遜，還要擔憂很快就會失去你所獲得的一切。守財必須節儉，並且接受你的成功至少有部分得歸功於運氣，所以不能仰賴過往的成功經驗，重複使用相同的方法。

美國訪談節目主持人查理．羅斯（Charlie Rose）曾經問紅杉資本（Sequoia

Capital）的億萬富豪合夥人麥可・莫里茲（Michael Moritz），為何紅杉資本可以如此成功。莫里茲提到公司的長久經營，並指出有些創投公司的成功只能維持五年或十年，但紅杉資本卻已經屹立不搖四十年。羅斯問到為什麼會這樣：

莫里茲：我想我們總是害怕有一天會遭到市場淘汰。

羅　斯：真的嗎？所以是因為恐懼？還是因為唯有戒慎恐懼得以倖存？

莫里茲：那句話裡有很多道理……我們假設明天不會像昨天一樣；我們不能停留在勝利的光環下；我們不能沾沾自喜；我們不能假設昨天的成功也能轉化成明日的好運。

這裡再次強調，請活下去。

關鍵不是「成長」、「智力」或「洞察力」。能夠長久堅持、不輕易離開或被迫放棄的能力，才是造成巨大差異的主要原因。你應該以這種能力作為策略基石，無論是用來投資、發展職業生涯或開創事業都是如此。

生存心態對理財如此重要，有兩個原因：

第一個原因很明顯：收益大到值得讓你傾家蕩產的事物少之又少。

第二個原因就是我們在第四章看到的，複利的反直覺數學運算。

唯有讓資產年復一年的成長，複利才會發揮效果。這就像是在種橡樹：只種一年看不出顯著的成長，但十年後就可以看到有意義的變化，五十年後則可以創造出絕對非比尋常的成果。

但是，想獲得並保有這種非凡的成長果實，就得熬過所有不可預測的波瀾起伏。這是人人終其一生不可避免會經歷的過程。

我們可以花幾年搞清楚巴菲特如何取得那麼高的投資報酬：他如何找出最好的企業、最便宜的股票與最頂尖的經營團隊。這樣做很困難，但有個稍微容易、但一樣重要的做法，那就是找出他沒做過哪些事情。

他沒有背負債務。

他一生歷經過十四次經濟衰退，但他都沒有驚惶失措的拋售股票。

他沒有敗壞自己的商業聲譽。

他沒有死守某一套策略、某一種世界觀，或是某一股過時的趨勢。

他沒有依靠別人的錢投資（他透過一家公開上市公司管理投資業務，意味著投資人無法抽回資金）。

他沒有讓自己過勞，以致於要離職或退休。

他只是活下來。活下來使他長壽，而長壽意味著他可以從十歲開始持續投資，直到八十九歲仍未間斷，這讓複利施展令人讚嘆的奇蹟。當我們描述巴菲特的成功時，複利才是最重要的重點。

為了讓你理解我的意思，你必須聽聽瑞克．蓋林（Rick Guerin）的故事。

你可能聽過華倫．巴菲特和查理．蒙格（Charlie Munger）這對投資雙人組，但四十年前，這個小組還有第三名成員，那就是瑞克．蓋林。

巴菲特、蒙格與蓋林一起投資，也一起拜訪企業經理人。後來，在與巴菲特和蒙格有關的成功事蹟中，蓋林卻像是消失了一樣。投資人莫尼斯．帕波萊（Mohnish Pabrai）有一次問巴菲特：蓋林出了什麼事？帕波萊回憶道：

（巴菲特說：）「查理和我知道總有一天我們會變成超級富豪。我們都不急著致富，因為我們知道總有一天這件事會成真。蓋林和我們一樣聰明，但他太心急了。」

事情發生在一九七三至一九七四年的景氣寒冬，蓋林用保證金貸款借錢融資，當時股市在兩年間重挫近七〇%，他因此接獲保證金補繳通知。蓋林將名下的波克夏（Berkshire）股票賣給巴菲特。巴菲特實際上說的話是：「我買了蓋林的波克夏股票。」以一股不到四十美元的價格買進。蓋林是因為借錢融資而被迫賣出股票。[18]

巴菲特、蒙格和蓋林同樣具備致富技能，但是巴菲特與蒙格還擁有守財的技能，而且隨著年歲增長，這項技能顯得更重要。

納西姆．塔雷伯（Nassim Taleb）曾經這樣說：「具備『優勢條件』與求生能力是兩件不同的事：前者需要依附後者而生。你得不惜一切代價去避免被毀滅。」

將生存心態應用在現實世界，可以歸結為重視三件事：

第一，我想要的不僅是豐厚的報酬，更想要讓財務狀況牢不可破。如果我能夠讓財務穩固，我真的認為自己可以得到最大的報酬，因為我將有足夠的時間讓複利創造奇蹟。

沒有人想要在多頭市場期間持有現金。大家都希望資產可以因此大幅增值。在多頭市場時期，持有現金會讓你看起來很保守，因為你敏銳的意識到，沒有擁有好資產會錯失多少報酬。假設現金的年報酬率是一％、股市的年報酬率是一〇％，中間九％的差距，足以讓你每天憂心如焚。

但如果這筆現金能夠讓你不必在空頭市場期間賣掉股票，實際上你賺到的現金年報酬率就不只是一％，還有可能高出好幾倍，因為避免在絕望、時機不好的時候賣掉股票為你這一生帶來的報酬，很可能遠遠勝過選到幾十支飆股得到的報酬。

複利並不仰賴賺取豐厚報酬。只有在很長的時間中不間斷的維持良好報酬，特別是在混亂與破壞時期都不間斷，才會是永遠的贏家。

第二，計畫很重要，但每個計畫最重要的部分是，在事情沒有按照計畫走時，按照計畫持續修改計畫。

那句話是怎麼說的？人類一計畫，上帝就發笑（You plan, God laughs）。財務與投資計畫非常重要，因為它們讓你知道自己當前的行動是否落在合理的範圍。但是在現實世界中，很少有計畫在執行時禁得起考驗。如果想預測自己未來二十年的收入、儲蓄率和市場報酬，請考慮過去二十年間沒有人預見的每一則重大事件，像是九一一事件；房地產泡沫與破滅，導致近一千萬名美國人失去家園，讓將近九百萬美國人失業的財務危機；一場破紀錄的股市榮景接踵而至；以及當我正在寫這本書時，一場冠狀病毒危機正撼動全世界。

計畫唯有通過現實考驗才會有用，而充滿未知的未來才是我們生活的現實世界。一套妥善的計畫不會假裝這一切都不是真的，反而會考慮一切，還會預留犯錯空間。在你的財務變得愈脆弱的時候，你愈需要在計畫中加入某些特定要素，好讓它更貼近真實情況。如果你的儲蓄率能預留足夠的犯錯空間，你就可以說：「假使未來三十年市場的年報酬率是八％，那就太好了；但如果只有四％，我也覺得還不錯。」那麼，你的計畫就會變得更有價值。

許多賭注之所以失敗，不在於賭錯了，而是因為大多數的狀況都是只有事情完全正確的發展，才會賭對。我們通常稱預留犯錯空間為安全邊際（margin of safety），它是金融界裡最被低估的力量。它有許多種表現形式，包括節儉的預算、靈活的思考與寬鬆的時程表等任何能讓你快樂生活、並擁有一系列成果的事物。

它與保守謹慎大不相同。保守謹慎指的是避免一定程度的風險，安全邊際則是讓你提高活下去的機會，因此可以在特定的風險水準之下提高成功的機率。它的魔力在於，如果要取得良好的結果，你的安全邊際程度愈高，所需要的優勢條件愈少。

第三，能平衡的極端性格很重要，也就是說，要樂觀看待未來，卻又要戒慎恐懼緊盯那些會阻礙你邁向未來的事物。

樂觀心態通常被定義為相信所有事情都會很好的信念。不過這個說法還不夠完整。明智的樂觀心態是一種認定機率會對你有利的信念，而且事情會隨著時間取得平衡，導引出好的結果，即使過程中發生許多壞事。事實上，你就是**知道**會碰上一大堆壞事。你可以樂觀的認為事情會沿著長期成長的軌道發展，但是同樣也要知道這條路到處都埋著地雷，而且永遠都會如此。這兩件事互不相斥。

某件事長期來看會得到好處，但短期來看卻幾乎是毫無用處，這種想法並不符合直覺，不過在我們生活中有許多事情都是這樣運作。一般人到了二十歲左右，許多無效、多餘的神經傳導路徑可能會被清除，兩歲時就存在的突觸連結（synaptic connections）大約有一半會消失，但是一般的二十歲成人要比兩歲小嬰兒聰明得多。破壞不僅可能是進步的表象，也是擺脫多餘之物的有效途徑。

圖 5.1 實質人均國內生產毛額

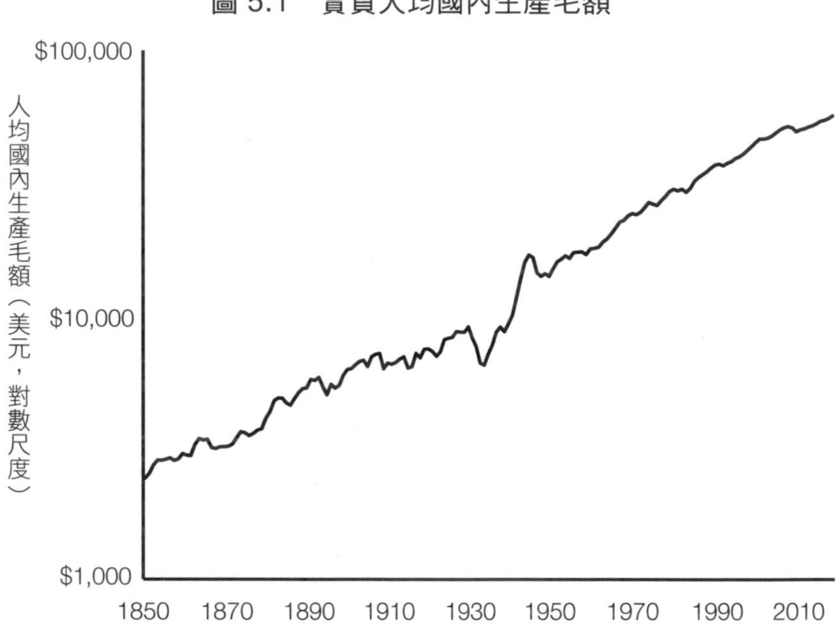

試想一下，假使你為人父母，可以看穿兒女的大腦，每天清晨你都會留意到他們大腦中的突觸連結減少。你會驚惶失措，你會說：「這樣不對。這裡有東西少了，而且被破壞了。我們需要介入。我們需要去看醫生！」但是你沒有這麼做。因為你每天看到的景象就是正常的成長過程。

經濟、市場和職業生涯通常遵循相似的路徑發展，也就是在失去中成長。

圖5.1是過去一百七十年來的美國經濟表現。

但是你知道在這段期間發生過什麼事嗎？該從哪裡開始說起……

- 一千三百萬名美國人死於九場重大的戰爭。
- 這段時間創立的企業中有九九・九％倒閉。
- 四位美國總統遭到暗殺。
- 一年內有六十七萬五千名美國人死於流行性感冒。
- 三十場互不相關的天然災害接連爆發，每場天災至少造成四百名美國人死亡。
- 出現三十三次經濟衰退，時間加起來高達四十八年。
- 沒有一個預言家預測到每次的經濟衰退。
- 股市從近期高點下修超過一〇％以上的次數至少有一百零二次。
- 股票市值損失三分之一以上的次數至少十二次。
- 有二十年的年度通膨率超過七％。
- 根據 Google 的資料，「經濟悲觀主義」（economic pessimism）這個詞出現在報紙上至少兩萬九千次。

在這一百七十年間，我們的生活水準提升二十倍，但幾乎沒有哪一天是在缺乏確切理由的悲觀心態下度過。

這種同時戒慎恐懼與樂觀的心態難以維持，因為帶著非黑即白的標準看待事物，會比接受細微差異更輕鬆。不過你必須具備短期戒慎恐懼的性格來讓自己活得夠久，才能發揮長期的樂觀心態。

傑西．李佛摩費盡千辛萬苦才想通這個道理。

他把美好時光與悲慘時光的結束連結在一起。得到財富讓他以為必然會保有財富，而且他會一直立於不敗之地。在他幾乎失去一切之後，他反思道：

> 我有時會想，對投機客來說，只要能夠學會不要過度驕傲，即使付出天價都值得。許多天縱英才之所以一敗塗地，都可以直接歸因於自命不凡的驕傲。

「這是一種代價高昂的疾病，」他說：「無所不在的發生在所有人身上。」

接下來，我們要仔細研究另一種在逆境中成長的方式，你可能需要花點力氣來理解。

6

長尾效應

你大可有一半的時間搞砸，最終仍可以致富。

我已經努力經營這項事業三十年了。依我看，簡單的算術原理就是，有些案子會成功，有些則否。沒有必要反覆研究哪個會成功，只要繼續進行下一個案子就是了。

——好萊塢男星布萊德・彼特（Brad Pitt）
美國演員工會獎（Screen Actors Guild Award）的得獎感言

一九三六年，漢斯・貝格倫（Heinz Berggruen）逃離納粹德國。他在美國落腳，進入加州大學柏克萊分校（University of California, Berkley）攻讀文學。根據多數人的說法，他年輕時並未特別嶄露頭角，不過到了一九九〇年代，無論從任何方面來看，貝格倫都稱得上是有史以來最成功的藝術品經紀商。

貝格倫的收藏頗豐，二〇〇〇年時，他將部分收藏品賣給德國政府，包括畢卡索（Pablo Ruiz Picasso）、喬治・布拉克（Georges Braque）、保羅・克利（Paul Klee）及亨利・馬諦斯（Henri Matisse）*等人的作品，價格超過一億歐元。不過這簡直是降價大拍賣，因為這些作品在民間市場的總價值超過十億美元，德國政府實際上認定這是一種捐贈行為。

單憑個人力量就能收藏如此大量的經典藝術作品，這點十分驚人。藝術是一種主觀的體驗，要如何在年輕時就預見哪些作品會成為本世紀最受眾人追捧的作品？

你大可說是「技能」。

也可說是「運氣」。

投資公司零點研究（Horizon Research）提出第三種解釋，而且這個解釋對投資人非常實用。

「高明的投資人會買進大量藝術品，」零點研究公司如此寫道：「這些收藏品中有一部分會成為精明的投資，而且它們被持有足夠長的時間，好讓整體投資組合的報酬趨近投資組合中最佳收藏品的投資報酬。這就是所有事情的始末。」[19]

高明的藝術品經紀商會像操盤指數基金一樣經營生意。他們買進所有可以到手的物件，而且一出手就是買下整個投資組合，而不是買下碰巧喜歡的單件作品，然後，他們就坐等其中幾匹黑馬出現。

＊畢卡索是西班牙藝術家；喬治・布拉克是法國立體主義畫家與雕塑家；保羅・克利是瑞士裔德國籍畫家；亨利・馬諦斯則是法國畫家。

這就是所有事情的始末。

或許像貝格倫這樣的收藏家，一生收購的作品有九九%都一文不值，但如果剩下的一%是畢卡索等名家的曠世巨作，其他作品根本無關緊要。貝格倫可能在大多數時候都看走眼，但最終仍取得超乎想像的成功。

在商業與投資領域中，許多事情也依循同樣的運作模式。「長尾效應」（long tails）是指結果分布在最遠的末端，這樣的效應在財務領域擁有巨大的影響力，因為少數事件會產生大部分的成果。

不過，即使知道其中的數學運算，也不一定能輕易處理它。因為投資人可能有一半的時間搞砸，最終仍可致富，這樣的想法並不符合直覺。它意味著我們低估「多數事情會失敗」的情況有多正常，而且我們往往還對失敗過度反應。

《汽船威利號》（*Steamboat Willie*）讓華德・迪士尼（Walt Disney）以動畫師成名。然而商業上的成功是另一個故事。迪士尼的第一間工作室經營到破產，因為他以極為昂貴的成本製作，而且用極為嚴苛的條件融資。到了一九三〇年代中期，迪士尼已經

製作超過四百部卡通影片，其中大多數都是短片，深受許多觀眾喜愛，只是，它們大多數都賠錢。

直到《白雪公主》（*Snow White and the Seven Dwarfs*）改變一切。

這部動畫片在一九三八年前六個月就賺進八百萬美元，比這間公司過去賺到的錢還多一個零。它讓迪士尼公司脫胎換骨，所有債務都還清。關鍵員工都拿到留任獎金，公司也在加州南部城市伯班克（Burbank）買下一座設備最先進的新影城，這座影城至今仍然存在。一座奧斯卡（Oscar）最佳動畫短片獎，將華德．迪士尼從影業名人升格為家喻戶曉的大紅人，到了一九三八年，他生產的電影時數高達幾百個小時。不過從商業角度來看，片長八十三分鐘的《白雪公主》比所有影片都重要。

任何巨大、有利可圖、知名度高或有影響力的事情，都是長尾事件（tail event）導致的結果，而那是千分之一或百萬分之一的少數事件。我們大部分的注意力都會聚焦在這些事物上。但我們把大部分的注意力放在長尾效應的結果時，就很容易低估它們有多罕見，威力有多強大。

有些產業很明顯受到長尾驅動。以創投產業為例，如果一家創投業者投資五十項標的，他們可能預期有一半會賠錢、有十項標的會得到不錯的報酬，而且還有一、兩項標的會成為創造一〇〇%報酬率的黑馬。投資公司 Correlation Ventures 曾經蒐集大量數字試算結果。[20] 二〇〇四年至二〇一四年，在超過兩萬一千筆創投融資中：

- 六五%賠錢。
- 二·五%的投資賺進十倍至二十倍的報酬。
- 一%的報酬率超過二十倍。
- 僅〇·五%獲利五十倍以上，在兩萬一千筆投資中，大約一百家公司可以獲得豐厚的報酬。這就是創投產業大部分的獲利來源。

你可能會想，這就是創投產業如此高風險的原因，而且每個在創投產業投資的人都知道風險很高，因為多數新創公司都會失敗，這世界只能容許少數巨大的成功。如果想要更安全、可預測，而且比較穩定的報酬，你可以投資大型上市公司。

或許，你可能正這樣想。

請謹記，長尾驅動一**切**。

長期來看，在大型公開上市公司中，成功企業的分布結果，和創投公司的分布結果沒有太大的不同。

大多數公開上市的企業都沒有價值，有一些公司表現優異，但只有少數公司能成為頂尖贏家，獲得絕大部分的股市報酬。

金融機構摩根資產管理公司（J.P. Morgan Asset Management）曾公布一九八〇年以來羅素三千指數（Russell 3000 Index，這是涵蓋大量廣泛上市企業的指數）成分股的報酬率分布。[21]

在這段期間，羅素三千大股票成分股中，有四〇%的企業市值至少減少七〇%，而且從來沒有恢復。

實際上，指數成分股的整體報酬來自其中七%的企業，它們超越大盤表現至少兩個標準差。

這就是你該對創投公司的期望。但它是在無聊、多元分散的指數中發生的事情。多數公開上市企業面臨重大打擊的現象，在任何產業都有可能發生。所有公開上市的科技與電信公司裡，超過一半失去大部分的市值，而且從未恢復；即使是公用事業領域，失敗率也超過一〇%。（請見圖6.1）

這裡有趣的是，這些公司必須達到一定程度的成功，才能公開上市，並加入羅素三

圖 6.1　1980 年至 2014 年經歷過「災難性損失」的企業比例

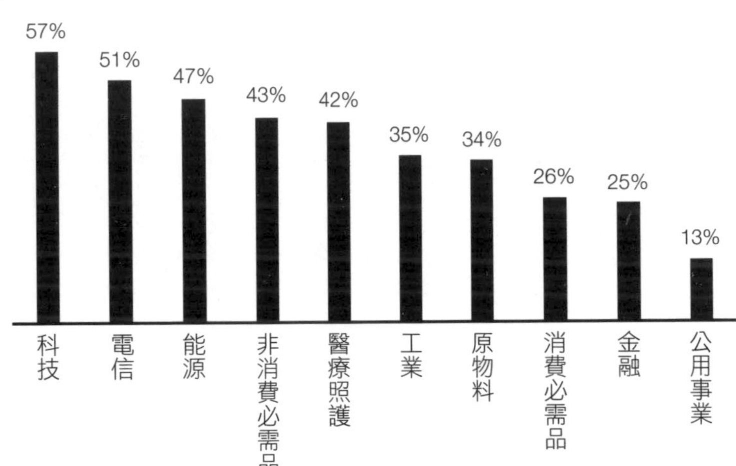

千指數；它們都是老字號的企業，而非朝不保夕的新創公司。儘管如此，它們多數的生命週期仍是以年數來計算，而非以世代來計算。

以羅素三千指數過去的成分股卡洛可公司（Carolco）為例。

卡洛可公司曾經製作一九八〇年代與一九九〇年代幾部大型商業片，包括《藍波》（*Rambo*）系列電影前三集、《魔鬼終結者二》（*Terminator 2*）、《第六感追緝令》（*Basic Instinct*）與《魔鬼總動員》（*Total Recall*）。

卡洛可公司在一九八七年公開上市。它締造空前的成功，一次又一次製作出賣座巨片。一九九一年，公司的全年營收高達五億美元，換算市值達四億美元。這在當時可算是天價，對一家電影製片廠來說更是如此。

然後，它搞砸了。

它再也拍不出賣座巨片，少數砸下高額預算的計畫更是徹底失敗。到了一九九〇年代中期，卡洛可成為歷史：一九九六年宣告破產，股價直接歸零，再會了，祝福一路好走。這可真是一場災難性損失。長期來看，十家上市公司中，有四家會有這樣的遭遇。卡洛可的故事之所以不值得傳述，不是因為它與眾不同，而是因為屢見不鮮。

這則故事最重要的部分是：一九八〇年以來，羅素三千指數上漲超過七十三倍。這可是了不起的報酬率，可以說很**成功**。

這支指數中有四〇％實際上是失敗的企業，但是其中七％表現極度優異的企業足以抵消那些沒有價值的公司表現。就像漢斯．貝格倫挑上畢卡索與馬蒂斯的作品一樣，只要選中微軟和沃爾瑪（Walmart）就對了。

不僅只有少數幾家企業囊括絕大多數的市場報酬，甚至在這幾家企業內部也出現長尾事件。

二〇一八年，亞馬遜推升標準普爾五百指數的報酬高達六％，而且它的成長幾乎完全歸功於黃金會員制（Prime）與亞馬遜雲端運算服務（Amazon Web Services），這就是公司內部的長尾事件，而當時，亞馬遜已經實驗幾百種產品，從智慧型手機 Fire Phone 到旅行社等等。

同一年，蘋果推升標準普爾五百指數的報酬將近七%，主要驅動力全部來自智慧型手機 iPhone。在科技產品的世界裡，長尾效應真的像條「尾巴」一樣長。

再來看看是哪些人在這類企業裡工作？Google 的錄取率是〇・二%；[22] 臉書是〇・一%；[23] 蘋果大約是二%。[24] 這些人努力開發出長尾計畫，推升長尾的報酬，開創自己的長尾職涯。

少數幾件事會產生絕大多數的成果，這個概念不只反映在你的投資組合中企業的真實情況，也是你身為投資人重要行為準則的一部分。

拿破崙（Napoléon Bonaparte）定義的軍事天才是：「在眾人失去理智時，還能正常行事的人。」

在投資領域也同樣適用。

大多數的理財建議都聚焦在**今天**。**現在**你該做什麼？**今天**有哪些股票看起來是好標的？

但是在多數情況下，**今天**其實並不那麼重要。在投資生涯中，可能有某一小段僅占你人生一%不到的時間裡，周遭的每個人都很瘋狂，你在今天、明天或下星期所做的決定，都不會比你在這段時期所做的決定更重要。

試想一下，假設你從一九〇〇年至二〇一九年每個月都省下一美元會發生什麼事。

你可以每個月都把一美元投入美國股市裡，無論景氣好壞。就算經濟學家大聲疾呼經濟衰退逼近，或是新的空頭市場即將來襲，也都無關緊要，你依舊繼續投資。我們把這位投資人稱為蘇（Sue）。

但是，在經濟衰退期間投資可能真的太可怕了，因此，或許你會在經濟還沒有步入衰退的期間投資一美元到股市，在經濟衰退的時候就賣光所有持股，然後每個月都省下現金，等到衰退期結束時，再把所有資金投入股市。我們把這位投資人稱為吉姆（Jim）。

又或者，經濟衰退幾個月後讓你嚇得退出市場，然後你花了一段時間才拾回信心，重返股市。你可能在經濟沒有衰退的時期投資一美元買進股票，在經濟衰退六個月後賣光持股，等到衰退期結束六個月後才又重新投資。我們把這位投資人稱為湯姆（Tom）。

長期下來，這三位投資人最後會有多少錢？

蘇最後有四十三萬五千五百五十一美元。

吉姆有二十五萬七千三百八十六美元。

湯姆有二十三萬四千四百七十六美元。

蘇大獲全勝。

一九〇〇年至二〇一九年間的一千四百二十八個月中，只有三百多個月處於經濟衰退期，占整體時間的二二％。所以，蘇在二二％的期間一貫保持冷靜，最終剩下的金額比吉姆或湯姆幾乎高出七五％。

再舉一個近期的例子：身為投資人，在二〇〇八年末至二〇〇九年初幾個月裡的投資行為，可能比二〇〇〇年至二〇〇八年間做的每一件事更加影響一生得到的投資報酬。

有一名老飛行員自嘲自己的工作就是「一小時又一小時的度過無聊時光，不時會被純粹的恐怖時刻打斷」。在投資領域也一樣。身為投資人，你能否成功，取決於如何因應不定時出現的恐怖時刻，而不是多年來的飛行過程。

對於投資天才，有個很好的定義就是：在眾人失去理智時，還能正常行事的人。

長尾驅動一切。

——

當你接受「長尾驅動商業、投資與金融領域中所有事情」這個概念時，你就會明白，數不清的事情出錯、失敗和崩壞，都是再正常不過的現象。

如果你是精明的選股好手，也許有一半的時間是正確的。

如果你是優秀的商界領袖，也許一半的產品與策略構想可行。

如果你是出色的投資人，可能在許多年都做得還不錯，而有很多年做得不好。

如果你是優秀的員工，經過幾次嘗試和試驗後，你會在合適的領域中找到合適的公司。

但前提是你要夠優秀。

彼得．林區（Peter Lynch）是我們這個時代最頂尖的投資人之一。他曾說：「如果你在某項事業做得有聲有色，那你十次有六次都做對了。」

在某些領域，你必須每一次都表現得非常完美，好比駕駛飛機；在某些領域，你幾乎得一直保持良好狀態，餐廳主廚即是如此。

投資、商業和金融領域卻與這些領域大不相同。

我從投資人與創業家身上學到的教訓是，沒有人可以永遠做出正確決定。最讓人印象深刻的人會抱著驚世駭俗的構想，並且將它們付諸實踐。

以亞馬遜為例。我們不會直覺的認為一家大公司推出失敗的產品是正常、而且可以接受的事。直覺來說，你會認為執行長應該向股東道歉。但是當亞馬遜的 Fire Phone 慘遭失敗之後，執行長傑夫．貝佐斯很快就表示：

> 如果你以為這是重大的失敗，那麼此刻我們正在醞釀更大的失敗。我不是在開玩笑。其中有些計畫會讓 Fire Phone 看起來就像微不足道的小事。

亞馬遜在開發 Fire Phone 期間損失一大筆錢並沒有問題，因為這筆損失可以由其他的業務抵消，像是獲利幾百億美元的亞馬遜雲端運算服務。長尾業務可以是救世主。

網飛（Netflix）執行長里德．海斯汀（Reed Hastings）曾經公開宣布，公司正取消幾部高預算作品的製作。他如此回應：

> 目前我們的命中率實在太高了。我一直不斷敦促內容團隊。我們必須冒更多風險。你必須嘗試更多瘋狂的事，總的來說，我們應該要有更高的取消率。

這不是妄想症或是推諉責任，而是明智的承認長尾如何驅動成功。肯定的是，對亞馬遜的黃金會員制度等等的產品，或是你熟知的《勁爆女子監獄》（*Orange Is the New Black*）等等電視劇來說，還是會有一些失敗的例子。

這種說法不符合直覺的部分原因是，在多數領域中，我們都只看得到最終成品，沒有看到產出長尾效應產品所導致的損失。

我在電視上看到美國喜劇演員克里斯．洛克（Chris Rock）非常滑稽搞笑，表現十分完美，但是他每年在幾十家小型俱樂部的演出卻只有普通的表現。因為那是經過設計的，沒有哪個喜劇天才聰明到可以事先知道哪一段笑話會收到最好的效果。每一位大牌喜劇演員都會先在小型俱樂部測試表演素材，之後才會在重要的場合表演。洛克曾經被問過是否會懷念小型俱樂部，他如此回答：

> 當我開始巡迴表演時，其實無法馬上在舞台演出。我在最近這趟巡迴表演之

前，已經先在紐布朗斯維克省（New Brunswick）的壓力工廠（Stress Factory）*表演過了。我大概做完四十或五十場秀，才準備好要踏上這趟巡迴表演。

有一份報紙介紹這些小型俱樂部的節目橋段，內文描述洛克在台上翻閱筆記、笨手笨腳的處理素材。他在表演到一半時說：「我非得砍掉一些笑話不可。」我在網飛節目中看到的精彩笑話，可都是經過數百次的嘗試才淬鍊出的長尾。

類似的事情也發生在投資領域。找出華倫・巴菲特的淨資產或平均年度報酬率，甚至是他畢生最精明、最廣為人知的投資案，都可以說是輕而易舉，那些都是公開資料，而且大家經常談論它們。

但是要拼湊他這一生中所做過的每個投資案，難度就高出許多。沒有人會討論失敗的投資標的、經營糟糕的事業與失敗的收購案。但是它們都是巴菲特投資故事中的一大部分，也是由長尾驅動報酬的另一個面向。

華倫・巴菲特在二〇一三年波克夏海瑟威（Berkshire Hathaway）的股東大會上表示，他這一生擁有四百到五百支股票，其中十支為他賺進絕大部分的財富。查理・蒙格也跟著表示：「如果你將波克夏少數的頂尖投資案排除在外，它的長期績效紀錄就顯得相當平凡無奇。」

當我們格外關注成功的榜樣時，往往忽視他們的收穫其實只來自所有行動的一小部分而已。那讓我們覺得自己很失敗、受到損失和挫折，就像是犯下一些錯一樣。但是，我們有可能犯錯，也有可能有些地方做對，就像那些大師一樣。當他們做對的時候，可能比大家做得**更正確**，但他們也可能和你一樣經常犯錯。

「你看對或看錯並不重要，」喬治・索羅斯（George Soros）曾說：「重要的是你看對時賺了多少錢，看錯時又賠了多少錢。」你大可有一半的時間搞砸，最終仍可致富。

———

我們銀河系裡大約有一千億顆行星，據我們所知，只有一顆星球有智慧生物。你正在閱讀的這本書，事實上就是你所能想像最強的長尾效應結果。

這真是讓人快樂的事。接下來，讓我們來看看，金錢可以如何讓你更快樂。

＊ 喜劇演員維尼・布蘭德（Vinnie Brand）擁有的獨立喜劇俱樂部連鎖店。

7

自由

能掌控你的時間，就是金錢付給你的最高紅利。

最有價值的財富是有能力每天一早醒來時說：「今天我可以做任何想做的事。」

人人都想要變得更富有，好讓自己更快樂。幸福是一個複雜的課題，因為每個人的看法都不同。不過如果幸福有個共同的特性，就像可以為所有人帶來快樂的通用燃料，那麼這個特性就是人人都想掌控自己的人生。

只要你想要，你就有能力在你想要的時間、與你想要的人一起做你想做的事，這樣的能力是無價之寶，也是金錢付給你最高的紅利。

——

安格斯．坎貝爾（Angus Campbell）是密西根大學（University of Michigan）心理學家。他出生於一九一〇年，是在心理學全面聚焦在憂鬱症、焦慮症和思覺失調症等病症擊垮人們的時代進行研究。

坎貝爾想知道，什麼事能讓人們感到幸福。他一九八一年出版的書《美國的幸福感》（*The Sense of Wellbeing in America*）開宗明義就指出，人們往往比許多心理學家以為的情況更加幸福，不過有些人確實比其他人更明顯感到幸福。你不一定能依據收入、地理位置或教育程度來為他們分組，因為每個群體中仍有許多人長期不快樂。

但幸福最強大的共同特性其實很簡單，坎貝爾如此總結：

> 與我們考量的任何客觀生活條件相比，對自己的生活有強大的掌控感，是預測正向幸福感更可靠的指標。

這個指標比你的薪水更可靠，比你擁有的房屋大小更可靠、比你的職務位階更可靠。在你想要的時間、與你想要的人一起做你想做的事，能夠廣泛掌控生活方式的各項變數，就能讓人感到幸福。

金錢最大的內在價值（intrinsic value），就是賦予你掌控時間的能力，這再怎麼強調也不為過。為了一點一點獲得一定程度的獨立自主，還沒用掉的資產可以給你最大的控制權，讓你在想要的時間做你想做的事。

如果你擁有一小筆財富，意味著生病可以請幾天假，不致於花光積蓄。如果你沒有這種能力，培養這種能力就是一項大事。

如果你的財富更多一點，意味著一旦你被裁員，還有時間等待更好的工作上門，不用急著抓住你找到的第一份職缺。這樣的條件有可能改變你的人生。

如果你備足六個月的應急準備金，意味著你可以不怕老闆，因為你知道就算要花一些時間找下一份工作，也不會因此落入絕境。

如果你有更多的財富，意味著你有能力做一項薪水較低、但工時彈性的職務。或許是通勤時間較短，或者有能力應付緊急醫療事件，而且無須擔憂自己是不是背負得起額外的財務重擔。

然後，你可以在想要的時間退休，而不是在必要時才退休。

用你的錢買下時間與各種選項，很少有哪個奢侈品可以與這種生活方式帶來的好處相提並論。

念大學時，我想要成為投資銀行家，唯一的原因是他們賺很多錢。這是唯一的動力，而且我百分之百確信這樣會讓我比之前更快樂。大三暑假時，我有個機會到洛杉磯一家投資銀行實習，心裡想著我簽中職涯樂透了。這就是我想要的。

第一天上班時，我就了解到投資銀行家為什麼會賺很多錢：他們的工作時間超長，被工作控制的時數比我所知一般人可以應付的程度還多。實際上，多數人肯定吃不消。午夜前回到家就是奢侈的事，而且當時在辦公室流傳這麼一句說法：「你要是星期六沒來上班，星期天就別忙著進公司了。」這份工作可以激盪腦力、薪酬豐厚，而且讓我覺得自己很重要，但是我清醒的每一秒鐘都變成聽老闆命令幹活的奴僕，這足以成為我生活中最悲慘的經歷之一。原本這是四個月的實習計畫，我只撐了一個月。

最困難的是，我熱愛這份工作，而且也想努力工作。但是，投入一份熱愛卻無法控制自己行程的工作，感覺就像做一份讓你厭惡的工作一樣。

這樣的感受有個名字，心理學家稱為對抗心理（reactance）。賓州大學（University of Pennsylvania）行銷學教授約拿・博格（Jonah Berger）提出很棒的總結：

> 人們喜歡感覺自己掌控一切，也就是自己完全作主。當我們試圖要求其他人做事，對方會感覺權力被剝奪了。他們不會覺得是自己做出選擇，而是覺得我們要他們去做事。所以就算他們原本會樂於接下這項任務，這時也會說「不要」，或是唱反調。[25]

如果你認為這套論述沒錯，就會明白，讓金錢與你想要的生活相結合，讓你可以在想要的時間、與你想要的人一起做你想做的事，這會為你帶來非常好的報酬。

成功企業家德瑞克・席佛斯（Derek Sivers）曾經寫道，有個朋友請他聊聊自己致富的故事：

我白天在曼哈頓中城區的工作年薪有兩萬美元，差不多是最低工資……我從不外出用餐，也不搭計程車。我的生活費每個月大約一千美元，而我每個月賺一千八百美元。我做了兩年，總共存下一萬兩千美元。當年我二十二歲。

有了一萬兩千美元之後，我有能力辭掉工作，轉行當全職音樂家。我知道自己每個月可以得到幾場演出邀約，可以負擔生活費，所以我就自由了。一個月後我辭掉工作，從此沒有再找第二份工作。

當我對朋友說完這個故事時，他要我多說一點。我說：「沒了，就這樣。」但他說：「不只這樣，你還賣掉自己的公司，那又怎麼說？」

我說：「不對，那件事對我的生活沒有太大影響。不過就是銀行戶頭多了一些錢。真正的分水嶺發生在我二十二歲那一年。」[26]

美國是全世界歷史上最有錢的國家，但是幾乎沒有證據顯示，現今的公民平均比一

九五〇年代的公民更幸福。而且即使以經通膨調整後的中位數來看，一九五〇年代公民的財富和收入都遠低於現代的公民。二〇一九年，民調公司蓋洛普（Gallup）調查全世界一百四十個國家共十五萬名受訪者，發現四五％的美國人說自己前一天感到「非常擔憂」，[27]但全球平均值是三九％；五五％的美國人說自己前一天感到「壓力很大」，但全球平均值僅三五％。

這種情形之所以在美國發生，部分原因是我們習慣花更多錢購買更大、更好的產品，但同時又放棄更多掌控時間的權力。充其量，這些事情的影響最終只是相互抵消。一九五五年，經通膨調整後的家庭收入中位數是兩萬九千美元；[28]二〇一九年，這個數字稍微超過六萬兩千美元。即使只是中等收入的家庭，我們都已經習慣花錢享受一種一九五〇年代美國人難以想像的生活。一九五〇年，美國房屋面積中位數是九百八十三平方英尺（約二十七．六坪），二〇一八年增加到兩千四百三十六平方英尺（約六十八．五坪）。現在平均每一棟新房屋內建的衛浴數量超過居住人數；我們的汽車速度更快、效能更高，我們的電視也更便宜、更清晰。

另一方面，我們這個時代發生的一切幾乎沒有太多進步，而且有很多原因與我們現在更多人所從事的工作類型大有關係。

約翰・洛克菲勒曾經是史上最成功的生意人之一，但他也是個隱士，多數時間都在獨處中度過。他鮮少開口說話，刻意製造難以接近的距離感；就算你引起他的注意，他依舊奉行沉默是金的原則。

一名偶爾向洛克菲勒報告的煉油廠工人曾經提到：「他讓每個人講話，自己卻坐著沒說話。」

每當洛克菲勒被問到為何開會時一貫沉默，他經常引述一首詩：

明智的老貓頭鷹棲息在橡樹上，
牠看得愈多，就說得愈少，
牠說得愈少；就聽得愈多，
我們為什麼不能像明智的老貓頭鷹呢？

洛克菲勒是個怪咖，不過他明白一些現在適用於幾千萬名員工的真理。

洛克菲勒的工作不是鑽井、裝載火車或搬運油桶，而是思考並做出正確決策；洛克菲勒交付的產品不是雙手做出來的東西，甚至不是他的話語，而是用頭腦想出來的答案。所以這件事才花去他最多的時間與精力。對多數人來說，儘管洛克菲勒大多數時間都安靜的坐著，看起來就像閒閒沒事，或只是在打發時間，但他的腦子卻是忙個不停，徹底思考問題。

在洛克菲勒的時代，這是獨特的作風，當時的人們需要捲起袖子幹活。根據美國經濟學家羅伯特・高登（Robert Gordon）的資料，在一八七〇年，四六％的職缺是在農業，三五％則是在手工業或製造業；很少有專業工作仰賴勞工的大腦。你不用思考，只要**勞動**就好，不間斷的勞動，而且你的工作具體可見。

時至今日，世局翻轉。

如今，三八％的職缺被歸類為「經理人、高階主管與專業人士」，這些都是決策工作；另外有四一％是服務業職缺，往往仰賴你的思考，以及你的行動。

我們多數人的工作比較接近洛克菲勒，而非一九五〇年代典型的製造業勞工，意思是就算我們下班時間到了，離開工廠，工作還是沒有結束。我們的腦子還在繼續工作，這意味著我們感覺工作永遠做不完。

如果你的工作是生產汽車，一旦離開生產線，幾乎什麼工作都做不了，因為你已經離開工作場所，把工作用具留在工廠內。但是如果你的工作是打造一場行銷活動，這是基於思考與決策的工作，你的工具就是你的大腦，它永遠不會離開你。你可能會在通勤期間、做飯的時候、哄兒女上床睡覺的時候，甚至因為壓力太大而半夜三點驚醒的時刻，反覆思考專案內容；你的上班時數可能比一九五〇年的時候少幾個小時，但其實你覺得無時無刻不在工作。

《大西洋》雜誌（*The Atlantic*）的德瑞克・湯普森（Derek Thompson）曾經這樣描述：

> 如果二十一世紀的作業設備是可攜式裝置，意味著現代工廠不再是工作據點，而是日常本身。電腦時代已經將生產工具從辦公室裡解放出來，多數知識型工作者都有筆記型電腦、智慧型手機等全方位媒體製作的可攜式設備。理論上，不管是下午兩點在總公司、半夜兩點坐在東京的 WeWork 共享辦公空間，或是三更半夜賴在沙發上，都能發揮生產力。29

你控制自己時間的能力比過往的世代更加減少。由於控制自己的時間是影響幸福的關鍵，所以即使平均來說，人們比以往任何時候都更有錢，卻不覺得自己更快樂，我們也不怎麼意外。

那究竟該怎麼辦？

這不是容易解決的問題，因為每個人都有不同的情況。第一步只能先認清哪些事情幾乎可以讓每個人都很開心，哪些則否。

老年學權威卡爾・皮勒摩（Karl Pillemer）在《發現幸福：一千位長者教會我的人生三十堂課》（*30 Lessons for Living*）中訪問一千名美國銀髮族，請教他們幾十年來人生中學到最重要的一堂課。他寫下：

> 就算在這一千人裡面，也沒有人說，你如果想快樂，就應該試圖盡可能努力工作，賺錢買下你想要的所有東西。
>
> 沒有任何一個人說，你至少得和身旁的人一樣有錢，而且要比他們有錢才是真正的成功。
>
> 沒有任何一個人說，你應該依據自己期望未來的收入能力去選擇工作。

他們珍視的事物反倒是良好的友誼、成為某個團體的一份子，以及與兒女共度美好、閒暇時光。皮勒摩寫道：「你的小孩不想要你的錢（或是你用錢買的東西），比起其他事物，他們最想要的是你。具體來說，他們是想要你和他們在一起。」

聽這些走過漫長一生長者的話準沒錯：掌控你的時間，就是金錢付給你最高的紅利。

接下來我會用一篇簡短的文章來說一個金錢支付最低紅利的狀況。

8

超跑車主的矛盾

沒有人會像你一樣對自己的身家念茲在茲。

當個泊車小弟最快樂的時刻，就是有機會駕駛最酷炫的一些車款。許多客人會開著法拉利（Ferraris）、藍寶堅尼（Lamborghinis）、勞斯萊斯（Rolls-Royces）等豪華車上門。

買下其中一輛車是我的夢想，因為（我想像）它們會對其他人傳遞一個強烈的訊息：你成功了、你很聰明、你很有錢、你很有品味、你是重要人物。**看看我**。

諷刺的是，我很少用這樣的眼光看著他們這些車主。

看到某個人開著一輛好車，你其實很少會想到：「哇，開這輛車的傢伙真酷。」相反的，你會想：「哇，如果**我**有那輛車，大家會覺得**我**很酷。」無論是不是出於潛意識，這才是每個人真正的想法。

這裡有個矛盾：人們往往想要用財富來向其他人傳遞訊息，認為他們應該要得到大家的喜愛與羨慕的眼光。但是在現實世界裡，其他人往往忽視你認為該羨慕你的部分，不是因為他們覺得擁有財富不值得羨慕，而是因為他們拿你的財富數字當成比較基準，反映出自己想要受到大家喜愛與羨慕的欲望。

我在兒子出生時寫給他的信裡這樣說：「你可能認為自己想要擁有豪車、名錶和豪宅，不過我要告訴你，其實你不需要這些。你想要的是得到其他人的尊敬與羨慕，所以認為這些昂貴的東西會帶來這一切。但這樣做幾乎沒有用，特別是對你想從他們身上得到尊重與羨慕的人來說，更是如此。」

我是在當泊車小弟時體會到這點，從那時起我開始想，所有駕駛法拉利來到飯店的人都看見我像個呆子一樣看得出神。這些人肯定到哪裡都會看到這樣的呆子，我很確定他們很愛這種感覺，也很確定他們覺得自己受到人們羨慕。

但是他們真的知道我其實不在乎他們，甚至沒有注意到他們嗎？他們真的知道我只是呆望著名車，一邊想像自己坐在駕駛座嗎？

他們買下法拉利的時候想的是這會帶來眾人羨慕的眼光，但卻不知道包括我在內的絕大多數人眼中根本就只有車子，實際上沒有一秒鐘想到車主嗎？

同樣的概念也適用在生活在豪宅的人嗎？幾乎可以肯定這樣說。珠寶和昂貴大衣？也不例外。

這裡的重點不是放棄對財富或名車的追求。這兩個東西我都很喜歡。

這是一種微妙的體認，人們通常會希望能被其他人尊重與羨慕，然而花錢買下奢侈品其實很少可以帶來想像中的結果。要是得到尊重與羨慕是你的目標，請慎選追求這些東西的方法。謙遜、慷慨與同理心，會比馬力超強的名貴車款帶來更多尊重。

關於法拉利，我們還沒討論完。下一章就是要來說另一個與超跑車主矛盾有關的故事。

9

看不到的資產才是財富

花錢向別人炫耀自己多有錢，
共實是最快讓自己愈來愈沒錢的方法。

金錢具有許多相反的意涵，其中很重要的一項是：看不到的資產才是財富。二〇〇〇年代中，我在洛杉磯當過泊車小弟，當時的氛圍是，除了氧氣，崇尚物質才是最重要的事。

如果你看到法拉利從眼前經過，即使你根本沒有心思注意到駕駛，可能還是直覺的假設車主一定是有錢人。不過我漸漸了解，我認識的人之中沒有人完全符合這種設定，許多人其實只有小小的成功，但他們卻從薪水中抽出一大筆鈔票買進名車。

我記得有個人，大家都叫他羅傑（Roger），他的年紀跟我差不多。我不知道他是做什麼的，但他開著保時捷（Porsche），光是這一點就夠大家想像的了。

有一天，羅傑開著一輛老舊的本田（Honda）上門。隔週也是，再下一週也一樣。我問他：「你的保時捷怎麼了？」他說，因為拖欠車貸，所以車子被強制扣押了。他講話的時候沒有一點羞慚，就好像是在說賽局進到下一回合的感覺。過去你對他的想像都變了，洛杉磯到處都有羅傑這種人。

有些開著價值十萬美元名車的人可能真的很富有，但是對於他們的財富，你唯一可以掌握的數據就是，他們在買下這輛車時，存款就比買車之前少了（或是負債多了十萬美元）。這就是你能知道跟他們有關的**全部**事情。

我們往往會根據親眼所見的一切判斷財富，因為這就是攤在眼前的資訊。我們無法看到別人的銀行帳戶或交易對帳單，所以只能仰賴眼見為憑的事物來衡量財務上的成功，像是汽車、房屋、貼在 Instagram 上的照片。

現代資本主義幫助人們造假，直到人們把它變成一門珍貴的產業。

但真相是，看不到的資產才是財富。

財富是你沒買下的名車、沒入手的鑽石、沒戴上的名錶、捨棄不買的衣服，以及拒絕升等的頭等艙機位。財富是還沒轉化成手中實物的金融資產。

這和我們一般的財務觀不同，因為你無法把看不到的事物納入背景資料當中考慮。

美國女歌手蕾哈娜（Rihanna）因為花太多錢而幾乎破產，因此對財務顧問提告，對方如此回應：「難道真的有必要跟妳說，妳要是花錢買東西，最終就只會得到那些東西，而不是錢嗎？」[30]

你可以笑出來，拜託，請一定要笑出來。但是，沒錯，我們真的都需要直接被告誡。當多數人希望成為百萬富翁時，其實他們心裡真正想的是：「我想要花一百萬美元。」但這句話正是成為百萬富翁的反義詞。

投資人比爾．曼（Bill Mann）曾經寫道：「最快的做法就是花大錢買下真正想要感覺自己很有錢的高級品。不過致富之道其實是，只花你擁有的錢，以及不花你沒有的錢。就這麼簡單。」[31]

這是很好的建議，但可能還不夠。唯一的致富之道就是，不要花你擁有的錢。這不單單是累積財富的唯一做法，更是財富的絕對定義。

我們應該謹慎定義**保有財富**（**wealthy**）與**有錢**（**rich**）的差異，這不只是語義上的不同，許多糟糕的理財決策都是出於不懂這兩者的差別。

有錢是指當前收入。有些人開著一輛十萬美元的名車，幾乎肯定就是有錢人，因為即使他們是舉債買車，每個月也需要撥得出一定的收入來繳車貸。豪宅買家也一樣。第一眼就認出有錢人不難，他們往往想盡辦法要被大家知道。

但**財富**隱而不見，這是代表沒有被花掉的收入。財富是尚未採取行動的選項，可以讓你以後把錢花在其他地方。它的價值在於提供你各種選項、彈性與增值，以便未來有一天你可以買到比現在更多的物品。

飲食與運動是很好理解的比喻。眾所周知，減重難如登天，即使是對認真劇烈運動的人也一樣。比爾·布萊森（Bill Bryson）在《身體》（*The Body*）中這樣解釋：

> 美國一項研究結果發現，人們高估自己在健身過程中燃燒的卡路里數，幅度高達二五%。平均來說，他們健身後吃進肚子裡的卡路里，大約是稍早燃燒卡路里數的兩倍……真相是，你可能因為吃下太多食物而很快抵消大量運動的成果。我們多數人都是這樣。

運動就像變得有錢。你心想：「我做完工作了，現在值得犒賞自己一頓大餐。」而財富反倒像是不吃大餐，但繼續燃燒卡路里。這很困難，而且需要自制力。不過長期下來，它會在「你能做的事」和「你選擇做的事」之間產生差距。

問題在於，對我們許多人來說，要找到有錢人當榜樣很容易，但要找到保有財富的人當榜樣卻困難得多，因為從定義來看，他們的成功都更為低調。

當然，許多保有財富的人也會花大錢買東西，不過即使是在這些情況下，我們看到的依然是他們很有錢，而不是看到他們擁有的財富。我們看得到他們選擇買下的車款，或是選擇送兒女念書的學校；但我們看不到他們的存款、退休金帳戶或投資組合；我們看到他們買下的房屋，而不是讓他們捉襟見肘的豪宅。

這裡的危險在於，我打從心裡認為，多數人都想要當個保有財富的人，他們都想要自由與彈性，而沒有花掉的金融資產剛好可以給你這些條件。不過，「有錢就要花」這種認知早已深深烙印在我們的腦中，以至於我們看不到，想要成為有錢人，真正需要的其實是克制。也正因為我們看不到，因此很難從中學習。

人們善於藉由模仿學習，不過財富隱而不見的天性，會讓仿效並學習其他人的做法顯得很困難。羅納．瑞德去世後才成為許多人的理財榜樣，而且被媒體追捧為名人，更在社群媒體上備受重視。不過在世時根本沒有人認為他是理財大師，因為他存下來的每一分錢都沒有人看到，即使是身邊的熟人也渾然不覺。

試想一下，要是你根本沒有閱讀偉大作家的作品，學習寫作是一件多麼困難的事。誰會是你的靈感來源？你會景仰誰？誰的手法與技巧刻畫入微到讓你願意追隨？這些都不存在的話，會讓原本就已經不容易的事更加難如登天。無法親眼見證時，就會很難學習。這有助於解釋，為何對許多人來說，累積財富這麼困難。

世界上到處都是看起來樸實、但超級富有的真富翁，也充斥著看起來有錢、但實際上卻瀕臨破產邊緣的人。當你想快速判斷別人是否成功，並設定自己的目標時，這一點請謹記在心。

——倘若沒有花掉的資產才是財富，那它有什麼好處？這個嘛，請讓我說服你存錢。

10

存錢

你唯一可以控制的要素會產生最重要的事，這有多好啊！

請讓我說服你存錢。

這不會花你很多時間。

但這是個莫名其妙的任務，對吧？

大家都需要被說服才願意存錢嗎？

我的觀察是，沒錯，真的有很多人需要被說服才願意存錢。

所得超過一定門檻的人可以分成三個族群：會存錢的人、不覺得自己可以存到錢的人，以及不覺得自己需要存錢的人。

這一章專門寫給後面兩群人。

第一個想法很簡單，卻很容易被忽視，那就是，累積財富與你的收入或投資報酬無關，但與你的儲蓄率息息相關。

我要說一個跟效率的威力有關的簡短故事。

一九七〇年代，全世界的石油看起來好像快要用光了。計算石油的供需並不難：全球經濟消耗大量石油、全球經濟欣欣向榮，但我們可以開採的石油數量跟不上需求。謝天謝地，我們沒有真的耗盡石油，但不是因為我們發現更多油源，或是從地下抽出更多石油。

我們熬過石油危機最主要的原因是開始生產比以前更節能的汽車、工廠和房屋。今天美國國內生產毛額中，每一美元花在能源的比例比一九五〇年低六〇%；[32] 一九七五年以來，路上所有車輛平均每加侖汽油可以行駛的里程也提升一倍。一九八九年，美國車廠福特（Ford）的房車 Taurus 平均每加侖汽油可以行駛十八英里；二〇一九年，雪佛蘭（Chevy）的超大型休旅車款 Suburban 平均每加侖汽油也可以行駛十八．一英里。

全球提升「能源財富」之道不是增產能源，而是減少所需的能源。一九七五年以來，美國原油與天然氣產量成長六五%，與此同時，節約與效率卻讓我們使用能源的效率提高一倍以上，因此很容易能看出哪一種做法更重要。

這裡的重點在於，發掘更多能源很大程度上並非我們所能掌控，而且往往籠罩在不確定性中，因為它取決於正確的地質結構、地理位置、天候條件和地緣政治等一連串不可靠的混合條件。反之，提高能源使用效率絕大部分操之在己，購買更輕型的車款或改騎腳踏車都取決於你自己，而且百分之百可以提高效率。

我們的錢同樣也適用這個道理。

投資報酬可以讓你有錢，但一項投資策略是否可行、禁得起多長時間的考驗，以及市場是否能配合運作，始終是個疑問。最終結果往往籠罩在不確定性中。

個人儲蓄和節儉度日就是財務領域的節約與效率，是金錢方程式的一部分，也是你更有可能操之在己，而且讓未來百分之百跟今天一樣有效率。

倘若你把累積財富視為某種需要更多金錢或投資報酬的做法，很可能就會變得像一九七〇年代悲觀的能源看空派一樣，認定眼前的道路看來滿是荊棘、脫離自己的掌控。

倘若你認為自己的節約與效率才是累積財富的動力來源，未來的命運就更加清晰可見。

財富不過就是你消費後剩餘的累積資產。你不必擁有高所得就可以累積財富，但得有高儲蓄率才有機會累積財富，所以哪一種做法比較重要便很明顯。

更重要的是，財富的價值與你的需求相關。

假如你擁有和我一樣多的淨資產。

再假設你是比我精明的投資人，我的年報酬率是八％，而你可以賺到一二％。

不過我用錢的效率比你好。假設我只需要花一半的錢就會覺得很快樂，而你的消費風格則跟累積資產的速度一樣快。

儘管我的投資績效比較難看，但我的財務情況還是會比你好；雖然我的投資報酬比較低，但我從中獲得的好處卻比較多。

這個邏輯同樣適用在收入。學會用比較少的錢得到快樂，會在你「擁有的東西」和「想要的東西」之間創造差距；就像你透過增加的薪水所得到的差距一樣，但前者容易得多，也更能操之在己。

高儲蓄率意味著支出金額比你原本可以花用的金額少，而且支出金額較低意味著，你的儲蓄金額會比原本支出剩下的錢還要多。

請依循這個脈絡試想，要花多久時間、多大力氣，才能夠實現投資報酬率每年增加〇・一個百分點的成績，答案是：這需要身價高達幾百億美元的專業人才付出幾百萬小時的埋首研究。如此一來，很容易就能看出什麼事可能更重要，或是更值得追求。

有些專業投資人每週投入八十小時為自己的報酬率提高〇・一個百分點，同時他們為了提高生活水準，在財務上多支出整整二或三個百分點，但實際上他們不用花這麼多力氣。

要是能有很高的投資報酬、豐厚的薪資，當然非常好，而且有些人做得到。但實際情況是，多數人得到的機運是在財務方程式的一邊投入大量的努力，但在另一邊得到很少的收穫。

當收入超過一定水準時，你的需求比你的自我意識需求還要低。

人人都有基本需求要滿足。滿足基本需求後，還有另一層讓人感覺舒適的基本需求，在這一層之上，又有既讓人感覺舒適、有娛樂性又兼具啟發性的需求需要滿足。不過，超過物質主義最低水準的消費，多半反映出自我意識想要朝擁有類似收入水準的族群靠近，這是用花錢來對其他人炫耀自己有錢（或曾經有錢）的方法。

不妨這樣想，提高儲蓄金額最有效的方法不是增加收入，而是更加謙遜。

當你將儲蓄定義為「自我意識的需求」與「你的收入」之間的差距時，你就會明白，為何許多收入還不錯的人幾乎沒有什麼存款。這是一種與本能角力的日常掙扎，他們將自己的孔雀翅膀開到最大，好跟上其他做同樣事情的同儕。

能夠長久理財成功的人不必然是高收入階層，但他們往往會有種無視其他人眼光的傾向。

因此，人們掌控儲蓄的能力遠超乎自己所想像。

少花點錢，就可以多存點錢

只要你想少花點錢，就可以少花點錢。

而且如果你不那麼在乎別人怎麼看你，欲望就會少一點。

就像我在書中常常提到，金錢的多寡更常取決於心理狀態，而非財務狀況。

而且，你根本不需要什麼特定的理由才要存錢。

有些人存錢是為了付房子的頭期款、買新車，或是為了退休。

當然，那樣做很棒。

但是存錢未必需要有個買下特定事物的目標。

你大可只為了存錢而存錢，而且你確實應該這樣做，人人都應該這樣做。

在一個可以預測的世界中，只為了一個特定的目標存錢很合理，但我們的世界無法預測，所以在最糟糕的時刻，當人生中無法避免的狀況發威，要把你嚇得魂不附體時，存款可以保護你。

間。

存錢的另一個好處與花錢的目標無關，那就是第七章討論過的重點：掌控自己的時間。

人人都知道金錢可以買到有形的東西，而無形的東西因為難以理解，因此往往會被忽視。不過金錢的無形優勢，比我們存錢打算買下的有形事物更有價值，更能增加你的幸福感。

不設定消費目標的存錢行動可以提供你各種選項與彈性，讓你有能力等待並抓住機會。它給你時間思考，讓你根據自己的條件改變進程。

你省下來的每一分錢就像在未來先馳得點，原本別人可能已經先拿下一分，但現在你把那一分拿回來。

彈性調整與掌控自己的時間，都是看不見的財富報酬。

存在銀行裡的現金可以帶來多少報酬，讓你有選項可以改變職業生涯、提早退休或免於煩憂？

我會說，這無法衡量。

它之所以無法衡量，可以從兩方面來看。一是報酬實在太大、太重要，因此我們無法為它訂價；不過它也確實無法衡量，畢竟我們無法用衡量利率的方式來衡量它，而我們往往會忽視自己無法衡量的事物。

一旦你無法掌控自己的時間，無論迎來什麼惡運，往往只能被迫接受。不過如果有時間彈性，就可以等待得來全不費工夫的機會突然從天而降，這就是儲蓄帶給你的隱形報酬。

存在銀行裡賺取不到任何利息的儲蓄，實際上可能產生超凡的報酬，它可以給你彈性去做薪資較低、但更有意義的工作，或者是當沒有彈性空間的人轉趨絕望時，能夠等到投資機會出現。

這種隱形報酬變得愈來愈重要。

以前的世界高度在地化。根據歷史學家羅伯特．高登所說，僅僅一百年前，七五%的美國人不僅沒有電話，也沒有固定的郵政服務，因此競爭高度在地化。智力平平的勞工可能會在自家小鎮成為最出色的人，而且他們也會受到最好的禮遇，因為他們根本不用和其他城鎮裡更聰明的勞工一較高下。

不過現在一切都改變了。

高度連結的世界意味著，與你競爭的人才庫，規模已經從自家城鎮的幾百、幾千人，延伸至全球幾百萬或幾十億人。對仰賴腦力工作、而非勞力工作的人來說，這個趨勢格外真實：教學、行銷、分析、諮詢、會計、寫程式、新聞業、甚至醫藥產業，在全球人才庫中的競爭都愈來愈激烈。正如創投業者馬克・安德森（Marc Andreessen）評論：「軟體吞噬全世界。」隨著數位化消弭全球的藩籬，有愈來愈多的領域落入這個範疇。

隨著競爭範圍擴大，你應該提出的問題是：「我該如何脫穎而出？」針對這個問題，「我很聰明」是愈來愈糟糕的答案，因為這個世界根本不缺聰明人。每年有將近六百人在美國大學入學考試的學術能力測驗（SAT）拿到滿級分，另外還有七千人也只有少幾分而已。在一個贏家全拿的全球化世界裡，這些人才將漸漸成為你的直接競爭對手。

在一個像我們這樣緊密連結的世界裡，智力再也不是可靠的優勢。

不過彈性卻是。

在智力超級競爭、而且許多過往的技術能力都已經被自動化的世界裡，競爭優勢傾向有細微差異的軟實力，好比溝通、同理心，還有或許最重要的是彈性。

如果你擁有彈性，就能在事業與投資上等待好機會來臨，你有更好的機會在需要時學習新技能。你不用再那麼急迫的追逐競爭對手，去做你做不到的事，而且你還擁有更多餘裕，按照自己的步調找出你的熱情與利基所在。你可以找出一條新路徑、用比較慢的步調，而且用一套不同的假設來思考人生。在智力不再是永久優勢的世界裡，有能力做到大多數其他人做不到的事情，就是少數讓你顯得與眾不同的要素之一。

更能掌控自己的時間與選項，正成為世界上最有價值的一種貨幣。

這就是為何愈來愈多人可以存到錢，而且愈來愈多人應該存錢的原因。

你知道他們還應該做些什麼事嗎？那就是別再這麼理性了。就讓我告訴你為什麼。

11

合理勝過理性

把目標放在最合理的做法，
比試著不帶感情的保持理性來得好。

你不是試算表，而是活生生的人。你是個會犯錯、有感情的人。

我花了一些時間才想通這一點。但是，一旦了解這點就會明白，這是財務領域最重要的一環。

有些事情經常被忽視：在制定財務決策時，不要以冷酷理性為目標，只要差不多合理就好。合理是更實際的做法，讓你有更好的機會長期堅持下去，這正是理財時最重要的事。

為了讓你明白我的意思，就讓我告訴你有個人試圖用瘧疾治癒梅毒的故事。

——

朱利葉斯．瓦格納—堯萊格（Julius Wagner-Jauregg）是十九世紀奧地利精神科醫師，他有兩個獨特的技能：他擅長看出一些模式，而且能夠辨識出其他人認為「瘋狂」的舉動，其實只是個「大膽」的行動。

他的專長領域是治療有嚴重神經性梅毒疾病的患者，當時這是醫界束手無策的致命病症。他開始注意到一種模式：如果梅毒患者不幸因為某個不相關的疾病而長期發燒的話，最後多半都會康復。

瓦格納－堯萊格的假設來自一個流傳幾百年、但所有醫師都沒有完全了解的直覺：發高燒扮演一種協助人體對抗感染的角色。

所以他很快就做出這個合乎邏輯的結論。

一九〇〇年代初期，瓦格納－堯萊格開始為患者注射廉價的傷寒、瘧疾和天花菌株，就是為了引發猛烈高燒，進而殺死他們身上的梅毒。這光是聽起來就覺得很危險，有些病患真的因此不治。他最終選定一種毒性較弱的瘧疾，因為在劇烈的高燒幾天後，用奎寧就能有效殺死這種瘧疾病菌。

他的實驗經過幾回不幸的失敗後終於成功。瓦格納－堯萊格提到，十名接受「瘧疾療法」的梅毒患者中有六名痊癒；沒有治療的十名病患則只有三名痊癒。一九二七年，他獲頒諾貝爾醫學獎，現今的委員會指出：「瓦格納－堯萊格一生職涯的重大成就，便是致力誘發高燒來治癒精神疾病。」33

後來，盤尼西林把用在梅毒患者身上的瘧疾療法淘汰出局，真是謝天謝地。不過瓦格納－堯萊格仍是史上少數不僅承認發高燒在對抗感染中扮演積極作用的醫師，還開立處方來治療病患。

發燒一向神祕難解，讓人恐懼。古羅馬人膜拜保護人們不會高燒的女神菲比絲

（Febris），人們會將護身符留在廟宇中供奉，期盼擊退下一次的生病顫抖。

但是瓦格納—堯萊格心裡有數。發高燒不是無端冒出來的麻煩，反而**確實**會在人體康復之路上扮演關鍵角色。現在我們有更好、更具科學性的證據，顯示發高燒有助於對抗感染。我們的體溫每升高一度，就會使某些病毒的繁衍速度減少至兩百分之一。美國國家衛生研究院（National Institutes of Health）的一份報告提到：「許多研究人員已經確認，曾經發高燒的患者，治療效果更好。」[34] 西雅圖兒童醫院（Seattle Children's Hospital）在官網的一個專區教導因為小孩體溫稍微升高就驚惶失措的父母：「高燒會啟動人體的免疫系統，協助身體對抗感染。一般發高燒讓體溫上升到攝氏三十七．八度至四十度都算正常，而且對病童來說大有益處。」[35]

但科學最遠只走到這裡，接下來則是我們看到的現實情況。

全世界幾乎都把發高燒當成壞事，一旦出現症狀，醫師就得馬上開立像泰諾（Tylenol）等藥物來盡快減緩症狀。儘管幾百萬年來發高燒已經演化成一種防禦機制，但沒有任何父母、任何患者在意，也只有少數醫師與製藥公司把它當一回事，大家反而認定那是應該要馬上消除的不幸。

這些觀點與已知的科學論述背道而馳。一項研究曾直言批評：「在重症加護病房，高燒療法很常見，這很可能與標準信條有關，而非與以證據為主的實務做法有關。」[36]醫學史研究中心（Center for the History of Medicine）主任霍華・馬克爾（Howard Markel）曾描述高燒恐懼症：「這些都是文化習俗，就和隱身在後面的傳染病一樣四處傳播。」[37]

為何這種事會發生？如果發高燒對人體有益，為什麼全世界都在抗拒它？

我想答案不難理解：發高燒會傷害人體，而我們不想被傷害。

就這麼簡單。

醫師的目標不只是治癒疾病，還要在一種合理、而且患者可以忍受的範圍內治好疾病。發高燒雖然具備對抗感染的邊際效益，卻會傷害身體。我去看醫生就是想要阻止它傷害我。當我縮在被窩下顫抖時，並不在乎什麼雙盲試驗（double-blind studies）*。要是你有退燒止痛的藥丸，現在就給我。

如果你已經染病了，讓自己發燒或許是理性的決定，但並不合理。

* 雙盲試驗是指為了避免人為因素影響試驗，在受試者與研究人員兩方都不知道的情況下，受試者被分到實驗組或對照組，藉此增加試驗的科學性。

在做出理財決定時，以合理、而非理性為目標這套準則，是人們應該要考量的另一種觀點。

——

金融學術界致力用數學式找出最理想的投資策略。但我的理論是，在現實世界裡，人們不想要數學算出來的理想投資策略，而是想要晚上能夠睡得最好的策略。

經濟學家哈利．馬科維茲（Harry Markowitz）因為研究風險與收益間取捨關係的數學算式，贏得諾貝爾經濟學獎。一九五〇年代他首次開發理論模型時，就有人問他如何投資自己的資金，並請他說明自己的投資組合配置：

> 我清楚看到，假使股市上漲我卻沒有跟到，或是股市下跌時我完全陷入其中，我都會很鬱悶。我的企圖是讓未來的後悔最小，因此我把資金分成兩半，分別放在債券與股票上。

馬科維茲最後改變投資策略，使用多元分散的投資組合。但這裡有兩件事很重要。

第一是「未來的後悔最小」，這很難合理化的寫在紙上，但是現實生活中很容易證實。理性的投資人會根據實際的數據做出決策，但追求合理性的投資人不是會在會議室做決定，周遭圍繞著你希望從他們身上得到高度評價的同事；就是會和你的伴侶一起做決定，而且你不想讓對方失望；不然就是會用決定來反駁妻舅、鄰居或自己的懷疑等不太實際、卻很現實的考量。從嚴格的財務角度檢視，投資帶有一種往往會被忽視的社交元素。

第二是**這樣很好**。在馬科維茲接受傑森．茲威格（Jason Zweig）採訪，說明自己的投資方式後，茲威格反思：

> 我的觀點是，人們既不理性，也非不理性。我們都是平凡人。我們不喜歡沒必要的思考，而且我們需要不斷集中注意力。從這個角度來看，現代投資組合理論的先驅打造自己的初始投資組合時，竟然很少考慮自己的研究方法，這一點不足為奇；後來他調整投資組合也不讓人訝異。[38]

馬科維茲既不理性，也非不理性。他講究的是合理性。

財務領域中經常被忽視的一點是，某件事就技術上來說沒有錯，但在事件的脈絡下檢視卻不合理。

二〇〇八年，耶魯大學兩位研究人員發表一項研究，主張年輕存款戶買進股票時，應該用二比一的槓桿比例（two-to-one margin，每投入兩美元資金，就有一美元是舉債）來增加退休帳戶的投資。這篇研究建議投資人，隨著年紀增加，逐漸下修槓桿比例，也就是在年輕時冒比較高的風險，而且承受比較強大的市場波動，但老年時則相反。

即使你年輕時使用槓桿操作，導致一貧如洗（如果使用二比一的槓桿比例，市場只要下跌五〇%，你就會變得一無所有），研究人員認為，在散盡家財後，只要能振作起來，依照原定計畫走，持續將存款按照二比一的槓桿比例投資，長期而言還是會成為有錢人。

這個數學算式理論上可行，是一套理性的策略。

但實際上幾乎可以說非常不合理。

沒有正常人可以看著退休帳戶裡的錢百分之百消失，還泰然自若的繼續執行這個策略。他們會退場，尋找其他的選項，或許還會對財務顧問提告。

研究人員主張，一旦採納他們的策略，「預期退休時擁有的財富，會比生命週期基金（life-cycle funds）*高出九〇%。」這一點也是百分之百不合理。

實際上，有一個理性的原因支持看似不理性的決定。

讓我告訴你，那就是：你熱愛自己的投資標的。

這不是傳統的建議。對投資人來說，宣稱對投資標的毫無感情幾乎是榮譽的象徵，因為這樣看起來很理性。

但是你如果對自己的策略或手中的股票沒有感情，一旦它們變成燙手山芋，有很高的機率你會選擇脫手，看似理性的思考反而會變成一種負擔。合理的投資人因為會熱愛他們那套技術上不完美的策略而有優勢，因為他們更可能堅持這些策略。

很少財務變數會跟在不景氣期間堅守策略一樣，與績效有那麼高的相關性，無論是從特定時期取得的績效數字，或是從機率來看，都是如此。檢視在美國市場賺錢的歷史

* 指配合投資人的年齡調整投資組合的基金，這種基金會設定一個目標時間，在接近目標時間時，降低基金的風險，跟耶魯大學這項研究的原理一樣，只是沒有槓桿操作。

機率，單日賺錢的機率是一半；一年賺錢的機率是六八％；十年賺錢的機率是八八％；二十年（至今為止）則是一〇〇％。讓你留在市場上的任何因素，都有可以量化的優勢。

如果你把「做自己喜歡的事」視為快樂生活的指南，這幾個字聽起來就像是空洞的幸運餅乾籤文；但如果你視它為某種提供必要的耐力、以便提高可量化成功機率的事物，那你就會明白，它應該是任何財務策略中最重要的部分。

如果你投資一家前景看好、但你卻不在乎的公司，當每件事情都很順利時，你可能還會樂在其中；但當情勢不可避免的翻轉時，你就會突然因為你沒興趣的公司虧錢。這會成為你的雙重負擔，而最有可能發生的就是你會換間公司投資。但如果你一開始就超級熱愛某一家公司，包括它的使命、產品、團隊、科學技術或其他種種，當你虧錢或企業需要幫助時，你至少會因為覺得自己是某個有意義任務的一份子，而將不可避免的負面觀感淡化，這可能就是阻止你拋棄股票並繼續持有的必要動機。

此外，還有其他幾種狀況是，依據合理性來理財更加合適。

有充分證據顯示人們有「本國偏誤」（home bias）的情況，這是指人們偏愛投資自己國家的企業，因而忽視地球上其他九五％以上的公司。這並不是理性的做法，除非你認為投資實際上就是把資金交給陌生人。要是對陌生人很熟悉會讓你更有信心去支持他們，那就是合理的做法。

對大多數投資人來說，當沖與選股並不是理性的行為，成功的機率很低。不過如果小額投資在當沖與選股上可以讓你「止癢」，不去動用其他更多元分散的投資部位，那麼這些操作就很合理。投資人喬許．布朗（Josh Brown）鼓吹要多持有多元分散的基金，不過有一次卻解釋為什麼他也同時買進少量的股票：「我會買股票不是因為我認為自己可以創造 alpha（超額收益）。我只是很喜歡股票，而且從二十歲開始就有股票。加上這是我的錢，我要拿來做什麼都可以。」這聽起來很合理。

大多數對未來經濟與股市走勢的預言都很恐怖，但是做預測是合理的行為。就算未來真的禍福難料，你也不會一早起來就告訴自己不知道未來會怎樣。依據投資預測採取行動是危險的行為，但我也理解為何人們老愛試圖預言明年會發生什麼事。因為這就是人性，這樣做很合理。

已故的先鋒集團創辦人約翰．伯格終其一生都在努力推廣低成本的被動指數投資，他的兒子則自己創業，成為主動型、收取高額手續費的避險基金與共同基金的經理人，許多人認為這一點反差很有意思。伯格曾經批評收取高額手續費違反「簡單算數的無情鐵則」（the humble rules of arithmetic），但他卻把部分的錢投資在兒子的基金裡。他要怎麼解釋這件事？

「我們會為家人做些事，」伯格對《華爾街日報》說：「要是這樣的行為前後不一致，我只能說，人生本來就不會始終如一。」[39]

誠然，人生鮮少始終如一。

12

意外！

歷史是一門對變革的研究，諷刺的是，
它被當作展望未來的地圖。

美國史丹佛大學（Stanford University）教授史考特・沙岡（Scott Sagan）曾說過一句話，所有緊盯經濟或投資市場的人都應該將它掛在牆上：「從未發生過的事情始終在發生。」

歷史主要是對意外事件進行研究，但投資人與經濟學家卻經常將歷史當成一套顛撲不破的未來指南。

你有參透其中的諷刺嗎？

你看到其中的問題了嗎？

深刻領會經濟與投資史是明智之舉。歷史有助於我們調整期望、研究人們往往會犯錯的地方，並提供我們一個往往可行的粗略參考。但無論從哪一方面來看，都不是展望未來的地圖。

許多投資人陷入我稱為「歷史學家即先知」的謬論：在把創新與變革視為進步動力的領域中，過分仰賴過去的數據資料，並將它視為一個指引未來狀況的訊號。

你不能責怪投資人這麼做。如果你視投資為一門硬科學，歷史就應該是展望未來的完美指引。地質學家可以檢視十億年的歷史數據資料，據此建立地球演化的模型；氣象學家如此，醫師亦然，因為腎臟在二〇二〇年的運作方式與一〇二〇年時一樣。

但是投資並非一門硬科學，而是一大群人在訊息有限的狀況下，對能影響自身福祉的諸多事件所做出的不完美決定。單是這點就會讓人緊張、貪婪又戒慎恐懼，即使是聰明人也是如此。

偉大的物理學家理查．費曼（Richard Feynman）曾說：「試想一下，倘若電子有感覺，物理學會變得多困難。」沒錯，投資人有感覺，他們之中有很多人有感覺，這就是為何我們很難僅根據他們過去的行為，來預測他們下一步會做什麼。

經濟學的基石就是事情會隨時間改變，因為看不見的手厭惡所有事情會永遠很好或很壞。投資人比爾．邦納（Bill Bonner）曾描述市場先生如何運作：「它穿著一件『資本主義發揮作用』的T恤，手上高舉大錘。」鮮少事物長時間不變，這意味著我們不能視歷史學家為先知。

與金錢連動的所有事物中，最重要的驅動力就是人們講述自己的故事，以及他們對產品與服務的個人偏好。那些事情不會停在原地，而是會隨著文化與世代變遷。它們總是在改變，而且永遠如此。

當我們談起錢的時候，我們會在內心裡過於羨慕已經有錢、賺到錢的人。體驗到特定事件未必會讓你有資格去預知下一件大事。事實上，這種事鮮少發生，因為經驗只會導致過度自信，而非擁有預測能力。

投資人麥克．貝特尼克曾經有個精闢的注解。面對有論點認為，很少有投資人做好升息準備，因為他們沒有經歷過這種事（最後一次大升息浪潮發生在將近四十年前），麥克．貝特尼克主張這並不重要，因為經歷或研究過去發生什麼，都可能無法作為任何未知事件的指南：

那又怎樣？當前利率升高的話，是會像上次一樣，還是像再前一次一樣？不同的資產類別表現會差不多、一模一樣，還是截然相反？

一方面，經歷一九八七年、二〇〇〇年和二〇〇八年重大事件的投資人都已經遇過許多不同的市場反應；另一方面，這段經歷不也很有可能導致過度自信嗎？讓你無法承認自己做錯了？或是讓你抱著以前的結果不放？

一旦你過於仰賴投資的歷史，把它當成接下來將會發生什麼事的指南，可能會碰到兩件危險的事。

第一，你很可能會錯過許多造成影響的異常事件。

歷史數據中最重要的事件都是超出常軌很多、打破紀錄的事件。它們都為經濟與股市造成影響。好比經濟大蕭條、第二次世界大戰、網路泡沫、九一一事件、二〇〇〇年代中期的房市崩盤。少數幾件超出常軌的事件發揮龐大的威力，因為它們影響許多沒有關聯的事件相繼發生。

十九世紀與二十世紀共有一百五十億人出生，但請試想一下，以下七位如果沒有出生，全球經濟與全世界會有多大的不同？

- 希特勒
- 史達林
- 毛澤東
- 加夫里洛．普林西普（Gavrilo Princip）*

---

* 塞爾維亞民族主義者，一九一四年刺殺奧匈帝國王儲斐迪南夫婦，導致第一次世界大戰發生。

- 愛迪生
- 比爾・蓋茲
- 馬丁路德・金恩

我甚至不確定這是否是最有代表意義的清單，不過，如果這七位名人從未留下任何印記，當今全世界發生的每一件事，從國界、科技到社會規範，幾乎都會大不相同。另一種說法是，這些只占全球人口〇・〇〇〇〇〇〇〇〇〇〇四％的名人，或許得為上個世紀全世界的重大發展方向負起責任。

各種計畫、創新和重大事件也一樣。試想上個世紀如果沒有：

- 經濟大蕭條
- 第二次世界大戰
- 曼哈頓計畫（The Manhattan Project）*
- 疫苗
- 抗生素

- 阿帕網（ARPANET）**
- 九一一事件
- 蘇聯解體

多少計畫與重大事件發生在二十世紀？花了幾十億美元、幾兆美元？沒人算得清楚。不過這八件事對世界秩序的影響，遠遠超過其他事件合起來的影響。

長尾事件容易讓人看輕的原因在於，事情惡化的程度被低估。舉例來說，九一一事件促使聯準會下調利率，助長房市泡沫，並進一步導致金融危機，傷害就業市場，也使幾億人轉而試著取得高等教育的學歷，導致一兆六千億美元的學貸泡沫與一〇．八%的違約率。把十九名劫機犯與當前沉重的學貸扯上關係並不合乎直覺，不過這就是少數幾件異常的長尾事件在全世界引發的後果。

在全球經濟任何特定時刻中發生的大部分事情，都可以追溯到少數幾個發生在過去

---

* 第二次世界大戰期間美國研發原子彈等核子武器的計畫。

** 美國國防部先進研究中心（Advanced Research Project Agency, ARPA）在一九六〇年代開發的網路交換裝置，是網際網路的前身。

幾乎無法預測的事件。

經濟史上最常見的情節就是意外事件扮演的角色。意外事件出現的原因不是我們的模型出錯，或是我們的智商太低，而是因為機率。好比希特勒出生前九個月的傍晚，他的雙親在爭吵中度過的機率和上床受孕的機率相同；科技難以預測，因為假使喬納斯·沙克（Jonas Salk）發脾氣而放棄去努力開發疫苗，比爾·蓋茲很有可能會死於小兒麻痺；我們無法預期學貸成長是因為一位機場安全警衛沒收一名九一一事件劫機犯的刀。這一切就是這麼回事。

問題是，每當我們思考未來的投資報酬時，經常讓經濟大蕭條、第二次世界大戰等重大事件引導我們把事情看成最壞的情況。但是這些創紀錄的事件在發生時，並沒有先例可循，所以假設過去最糟（和最好）的事件會與未來最糟（和最好）事件相似的預測專家，根本沒有遵循歷史經驗，他們無意中假設沒有發生過的歷史不適合套用在未來。

納西姆·塔雷伯在著作《隨機騙局》（*Fooled By Randomness*）中這樣寫：

> 在古埃及法老時代……抄寫員追蹤尼羅河的高水位記號，將它視為未來最糟情況的估計值。二〇一一年被強大海嘯摧毀的福島核子反應爐也一樣，它在建造之初

被設計成禁得起歷史上最強烈地震帶來的衝擊，因此承包商並未進一步設想更嚴重的情況。由於毫無前例可循，因此沒有想到最糟糕的過往事件會是意外事件。

這並不是分析失準，而是沒有發揮想像力。認清楚未來可能看起來不會像過去一樣，這是金融預測社群一般不會高度重視的特殊技能。

二〇一七年，我曾在紐約參加一場晚宴，丹尼爾．康納曼（Daniel Kahneman）被問到，一旦我們的預測失準，投資人應該如何回應？他說：

無論何時，只要我們被某一件事嚇到，即使我們承認自己確實犯錯，我們都會說：「喔，我絕對不會重蹈覆轍。」但事實上，每當你因為沒有預測到的某件事而犯錯，你應該學到的是，這個世界真的是太難預料了。這才是從意外事件學到的正確教訓：我們的世界總是讓人出乎意料。

從意外事件學到的正確教訓，就是這個世界總是讓人出乎意料。並不是說我們應該拿過往的意外事件，當作是未來事件發生範圍的指引，而是我們應該將過往的意外事件，當作承認我們無法參透下一件大事的理由。

未來最重要的經濟大事（會造成最重大實質影響的事件），歷史幾乎無法提供我們任何指引。它們將會是前所未見的重大事件，這種前所未見的特性，意味著我們無法為此做好準備，這也正是它們如此有衝擊力的部分原因。對經濟衰退與戰爭這類讓人驚慌的事件，以及創新這類讓人振奮的事件來說，都是如此。

我對這項預測充滿信心，因為在歷史上幾乎每個時點，造成重大影響的意外事件都準確符合這項預測。

第二，把歷史當作未來經濟與股市的指引可能會誤導人，因為它並未考慮與當今世界息息相關的結構性變革。

試想幾個大變革。

四〇一（k）推行至今已經四十二年，羅斯個人退休帳戶則更晚出現，一九九〇年代才問世，因此當今關於美國人為退休儲蓄的個人理財建議與分析報告，都不能與上一個世代直接比較。我們擁有全新的選擇，世事已經改變。

或是以創投產業為例，這個產業二十五年前幾乎不存在，但現在有幾家創投業者的資金規模甚至遠大於上個世代的整體產業。[40]耐吉（Nike）創辦人菲爾・奈特（Phil Knight）在回憶錄中說到早期的事業經營：

> 當年沒有創投這樣的組織，一個滿懷抱負的年輕企業家可以周轉營運資金的地方很少，而且這些地方都是由厭惡風險、毫無想像力的人把持，也就是銀行業者。

實際上，這意味著所有新創公司的財務管理歷史數據資料早已經過時幾十年。我們知道的投資週期與新創公司失敗率並沒有深厚的歷史基底可供學習，因為當今企業的籌資管道其實是全新的歷史典範。

或是以公開市場為例。標準普爾五百指數直到一九七六年才納入金融股，時至今日，金融股占整體指數一六%；五十年前，科技股實際上並不存在，時至今日，它們的權重超過整體指數的二〇%。會計原則早已與時俱進，資訊揭露、審計和市場流動性的規模亦然。世事已經改變。

近一百五十年來，美國經濟衰退的間隔時間早已發生巨大變化。（見圖12.1）

圖 12.1 美國經濟陷入衰退期的間隔時間

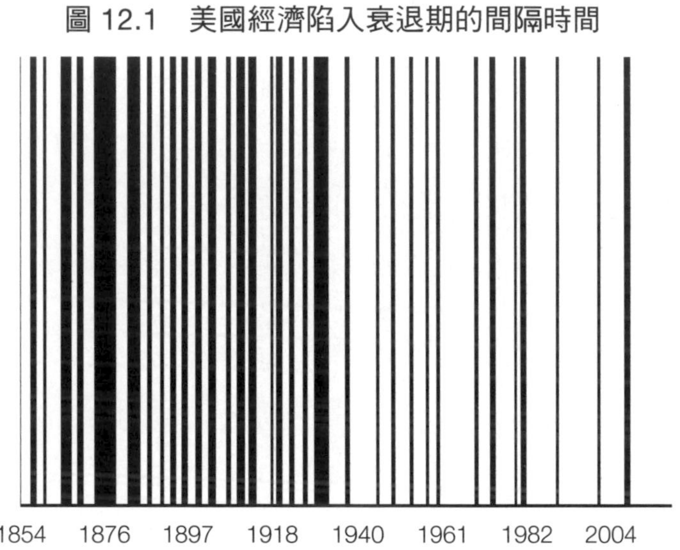

經濟衰退的平均間隔時間，一八〇〇年代末期大約兩年，二十世紀初延長至五年，到了二十世紀後半則拉長到八年。

寫這段話的當下，我們看似即將步入衰退，距離上一次二〇〇七年十二月開始的經濟衰退已經間隔超過十二年。這是南北戰爭以來兩次經濟衰退之間間隔最長的一段時期。

有很多理論說明為什麼經濟衰退變得愈來愈不頻繁，有個說法是，聯準會管理商業週期的表現更好，或至少讓商業週期延長；另一個說法是重工業比過去五十年占經濟主導地位的服務業更容易出現景氣循環型的生產過剩。悲觀的看法是，儘管我們現在的經濟衰退頻率比較低，但每當衰退發生時，總是遠比過去更有破壞力。而就我們的觀點來說，導致變革的原因並不特別重要，真正重要的是，世事已經明顯改變。

要說明這些歷史變革會如何影響投資決策，不妨以許多人心目中認為有史以來最偉大的投資大師班傑明．葛拉漢的績效表現為例。

葛拉漢的經典著作《智慧型股票投資人》（*The Intelligent Investor*）不只是理論，還提供實際的指導方針，像是投資人可以用來制定明智投資決策的公式。

我在青少年時期就已經讀過葛拉漢的書，那是我第一次學習投資。書中闡述的各種公式非常吸引我，因為它們實際上就是按部就班的說明致富之道。只要按照這些指示去做，看起來很簡單。

但是，當你嘗試應用其中一些公式時，情況就很清楚：很少公式確實有效。

葛拉漢主張買進價格低於淨流動資產價值的股票，淨流動資產基本上是指銀行裡的現金扣除所有債務後的金額。這聽起來很好，但很少股票真的會以如此便宜的價格來交易，除了被指控會計舞弊的水餃股以外。

葛拉漢提供的標準是，要保守投資人避免碰股價超過淨值一．五倍的標的。過去十年來，如果你真的按照這項規則投資，你只會擁有保險和銀行股，沒有其他股票。沒有一個世界可以順利應用這項規則。

《智慧型股票投資人》是史上最好的投資書之一，但我沒有認識哪個績效表現很好的投資人應用葛拉漢書上的公式。這本書充滿智慧，或許遠遠超越市面上任何投資書。但是如果你把它當作投資指南，可能大有問題。

發生什麼事了？難道葛拉漢能言善道，但是他的建議都沒有用處嗎？完全不是這麼一回事。他確實是超級成功的投資人。

只不過他很實際。而且他是真正的反向投資人。當很多投資人抓著這些理論，使這些理論變得大受歡迎，以致於凸顯出這些理論可能沒有用時，他沒有堅守這些理論。為葛拉漢的新版書添加注解的傑森．茲威格曾經寫道：

> 葛拉漢持續實驗、反覆測試假設，要找出真正有用的公式，不只在昨天有用，今天也要有用。在《智慧型股票投資人》每個修訂版本中，葛拉漢都會丟棄前一個版本提出的一些公式，換上新的公式，就某種意義而言，他是在宣稱：「那些公式已經不再有用了，或是不像以前一樣有用了。現在這些公式似乎會更為有用。」

各界對葛拉漢有個普遍的批評是，他在一九七二年版書中的所有公式都過時了。對這項批評唯一正確的回應是：「它們當然都過時了！它們是要用來汰換一九六五年版的公式；一九六五年版則是用來汰換一九五四年版；依此類推，一九五四年版又是用來汰換一九四九年版；一九四九年版最早是用來強化在一九三四年《證券分析》（*Security Analysis*）中列舉的原始公式。」

葛拉漢在一九七六年去世。如果在一九三四年至一九七二年間，他提出的公式已經拋棄並更新五次，你覺得在二〇二〇年這些公式會多有效？二〇五〇年時呢？就在葛拉漢去世前不久，有人問他，詳細分析個股（讓他揚名立萬的策略）是否依然是他偏愛的策略？他回答：

整體而言，不是。我不再主張用複雜的分析技術來尋找卓越價值的投資機會。四十年前我們的書首度出版時，這是可以帶來報酬的行動；但從那時起，時空條件已經有很大的改變了。41

所謂的改變是指：隨著投資機會變得眾所周知，競爭也不斷加劇；科技讓資訊更容易取得，隨著經濟重心從工業轉向科技業（這些產業有不同的商業週期與資本使用方式），產業也跟著變化。

世事已經改變。

投資史有個有趣的怪事是，回顧過去愈久，就愈可能是在檢視一個今日不再適用的世界。許多投資人與經濟學家欣慰得知，他們的預測獲得數十年、甚至近幾世紀的數據支持。但既然經濟會演化，最近的歷史往往是未來最好的指南，因為它更可能涵蓋與未來息息相關的重要條件。

投資界中有一句常用來挖苦的話是：「這次不一樣。」如果你得反駁那些預測未來不會完全反映過去的人，那就可以說：「喔，所以你覺得這次不一樣嗎？」然後就丟掉麥克風（drop the mic）*。這句話是出自約翰・坦伯頓（John Templeton）的觀點：「投資界最危言聳聽的五個字就是：『這次不一樣。』」

不過，坦伯頓坦承，這次不同的程度至少高達二〇％。世界在改變，當然確實如此。長期下來，那些改變才真的是造成最重大影響的事。麥克・貝特尼克如此評論：「投資界最危言聳聽的十七個字就是：『投資界最危言聳聽的五個字：這次不一樣。』」

這不代表我們思考金錢時應該忽視歷史，但是其中有個重要的細微差別：你回顧歷史愈久，得到的收穫應該就會愈平淡無奇，好比每個人與貪婪及恐懼之間的關係、他們在壓力下的行為舉止，以及他們面對激勵時的反應等一般狀況，遲早都會趨於穩定。金錢的歷史在這類事情上很有用處。

但是特定趨勢、特定交易、特定產業、與市場有關的特定因果關係，以及人們應該如何理財，一直是不斷演化的範例。歷史學家不是先知。

因此，問題是：我們應該如何思考並規畫未來？就讓我們翻到下一章。

＊指表演或演說完後故意將麥克風扔在地上，以表示對自己非常滿意，無須多說。

13

預留犯錯空間

每項計畫最重要的部分是，
要對事情沒有按照計畫走時做計畫。

明智的理財行為中，有些最佳範例可以在看似不可能的地方找到，那就是拉斯維加斯賭場。

當然，並非所有玩家都具參考性，不過有一小群二十一點賭客會練習算牌，他們可以傳授一般人理財方面格外重要的心得，那就是預留犯錯空間的重要性。

——

二十一點算牌的基本原理很簡單：

- 沒有人可以肯定知道莊家接下來會抽到哪一張牌。
- 但是，你一邊追蹤哪些牌已經發出來，一邊就可以算出哪些牌還沒有出現過。
- 這種做法可以讓你知道，莊家抽出特定花色撲克牌的**機率**有多高。

身為賭客，當得到自己想要的牌機率較高的時候，就可以提高賭注；反之就減少賭注。

在這裡，遊戲機制並不重要，重要的是二十一點的玩家知道自己在玩的是一場機率遊戲，而不是確定的博奕。無論他們拿到怎樣的牌都覺得很有機會贏，但同時知道有機會算錯牌。在他們的專業下，這種說法聽起來很奇怪，不過他們的策略完全取決於謙遜，謙遜的認為他們不知道、而且也無法確實知道接下來會發生什麼事，所以他們打好自己手上那副牌。這種算牌系統之所以有效，是因為它讓獲勝的機率稍微從莊家那一端傾向賭客那一端。不過，要是你認定機率對你有利就大手筆押注，一旦不小心算錯就有可能慘賠，你就沒有足夠的錢可以繼續賭下去。

永遠不會有哪個時刻會讓你有把握眼前下注的每個籌碼都一定會贏。這個世界不會對任何人這麼慷慨，無論如何，情況不會一直如此。你必須為自己預留犯錯空間，你必須對事情沒有按照計畫走時做計畫。

凱文·路易斯（Kevin Lewis）是小說《贏遍賭城》（*Bringing Down the House*）裡成功的算牌好手，他對這套準則寫下許多觀察：

> 雖然就統計而言算牌可行，卻不保證每一手都會贏，更不保證每次進賭場都有穩贏的把握。我們必須確保有充裕的資金，足以承受運氣不好的後果。
>
> 讓我們假設，你的贏面比莊家多出兩個百分點，但那還是意味著賭場有四九％

的勝率。因此，你必須確保有充裕的資金，足以承受任何對你不利的變化。有一條經驗法則是，你應該至少要有一百個基本單位的籌碼。假設你一開始的本金是一萬美元，就可以輕鬆下注以一百美元為一個基本單位的賭局。

歷史上隨處可見太誇大的好構想，這使它們和壞構想沒什麼差別。預留犯錯空間的智慧是承認不確定性、隨機性和偶然性等「未知事件」，都是生活中永遠存在的部分，和它們打交道的唯一方式，就是把「你預想未來會發生什麼事」與「**可能**會發生什麼事」的差距拉大，同時還能讓你再戰一回。

——

班傑明．葛拉漢因為提出安全邊際的概念而為人所知，他對此寫下廣泛的內容，並以數學算式詳盡探討。不過，我最鍾愛的理論摘要是他在接受採訪時提到：「安全邊際的目的是為了使預測變得毫無必要。」

這句簡單陳述所蘊含的強大力量，非筆墨足以形容。

你也可以把安全邊際稱為預留犯錯空間，或預留多餘部位，這可以說是在這個由機率主導、而非確定性主導的世界中，安全航行唯一的有效方法。幾乎每件與金錢相關的事都存在於那樣的世界裡。

精準預測很困難。以算牌來說顯然如此，因為沒有人會知道洗完牌後，某張特定的牌會插在哪裡。但是如果問：「未來十年，股市的平均年報酬率是多少？」或「我哪一天才能退休？」情況就沒有那麼明顯。不過這兩件事本質上相同，因此我們能做的就是考慮機率問題。

葛拉漢的安全邊際是一個簡單的建議，即我們不必把眼前的世界視為非黑即白、可預測或全憑運氣。灰色地帶，也就是追求各種可接受的潛在結果，才是向前邁進的聰明做法。

幾乎涉及金錢的每一件事都要預留犯錯空間，但是大家往往低估這樣做的必要性。股票分析師提供客戶股票的目標價，而非目標價的範圍；經濟預測者以精確的數據預測事情，很少用廣泛的機率來預測；說話果斷的大師，則比說「我們無法確切知道」並強調機率的人獲得更多關注。[42]

我們在各種財務嘗試上都是如此，特別是與自己決策相關時。哈佛大學心理學家麥斯・貝澤曼（Max Bazerman）曾解釋，在分析其他人的房屋翻修計畫時，多數人會預估計畫將超出預算二五％至五〇％；[43] 但當他們談到自己的計畫時，總會認定可以準時完成，並合乎預算。唉，最終還是會讓人失望。

兩件事讓我們不願意預留犯錯空間。第一，我們認為自己應該知道未來發生什麼事，因為承認我們不一定知道未來會發生什麼事的事實會讓人芒刺在背；第二，如果我們對未來的觀點確實正確，卻又沒有充分利用它來採取行動，自己就會受到傷害。

但是，預留犯錯空間被大家低估與誤解。它經常被視為一種保守的避險做法，只有不願意承擔太多風險，或是對自己的看法缺乏信心的人才會這麼做。不過，一旦我們善用它，結果可能會截然不同。

預留犯錯空間讓你可以忍受一系列潛在的後果，而且這樣的忍耐力會讓你堅持夠長的時間，好讓這個從低機率發生的結果中獲得好處的可能性對你有利。最高獲利不常出現，無論是因為它們不常發生，或是因為它們要花時間去發揮複利效果。所以在出錯時，一部分採取充分預留犯錯空間（即現金）策略、另一部分採取忍受痛苦（即股票）策略的人，就比一些賠光錢、被迫出場的人有優勢。

比爾．蓋茲充分了解這點。在微軟草創初期，他說自己「想出一套非常保守的做法，我希望在銀行保留足夠的現金，就算接下來一年都沒有現金進帳，也足以付出整年的薪資。」二〇〇八年，華倫・巴菲特也對波克夏海瑟威的股東表達類似的概念：「我向各位、信評機構與自己發誓，永遠準備比經營波克夏還多的現金……如果一定要我做出選擇，我不會考慮拿一晚好眠來換取超額利潤。」[44]

對投資人來說，有幾個領域需要考量預留犯錯空間。

一是波動性。資產價值暴跌三〇%時，你可以撐得過來嗎？從帳面上來看，也就是從實際支付的帳單與保持正現金流的條件來看，或許答案是可以；但心理感受如何？你很容易低估暴跌三〇%對內心衝擊的力道。在跌到最低點的時候，你的信心可能會大受打擊。你或你的配偶可能決定已經到了啟動新計畫或開展新職涯的時刻。我認識幾個投資人因為筋疲力盡認賠出場，他們身心俱疲。電子表單很擅長告訴你數據是增加還是減少，但是晚上把兒女趕進被窩時，你會納悶已經做出的投資決定，究竟會不會是傷害他們未來的錯誤作為，電子表單無法為你的感受建立模型。在技術上可以忍受的範圍，與在情感上可以忍受的範圍相互拉扯，兩者的差距可以說是被忽略的犯錯空間。

另一個領域是儲存退休金。舉例來說，我們檢視歷史可以看到，一八七〇年代以來，美國股市經通膨調整後的平均年報酬率為六・八%。這是第一個合理的近似值，可以用來預期儲存退休金時，多元分散配置資產的預期報酬。你可以用這些報酬的假設數字來回頭估算每個月必須儲蓄的金額，以便達到你的目標儲備金。

不過，要是未來的報酬率走低該怎麼辦？或者要是說長期歷史很適合預估長期的未來，但你的目標退休日期卻落在二〇〇九年這種殺聲震天的空頭市場，那該怎麼辦？要是未來的空頭市場嚇得你退出股市，而且你還因此錯過未來的多頭市場，導致實際賺到的報酬低於市場平均值，又該怎麼辦？要是你在三十多歲時就被迫動用退休帳戶來支付醫療事故費用時，那該怎麼辦？

這些假想問題的答案是：「你無法和預期一樣退休了。」這很可能會是一場災難。

解決方案很簡單：在估算未來的報酬時，先預留犯錯空間。這種做法更像是一門藝術，而不是一門科學。以我的投資標的而言，正如我會在第二十章詳加闡述的，我假設有生之年獲得的未來收益將比歷史平均值低三分之一。因此，如果我認為未來的儲蓄與過去差不多，就會省下更多錢，這就是我的安全邊際。儘管未來有可能會比過去糟三分之一，但沒有任何安全邊際能提供百分之百的保障。三分之一的緩衝空間已經足夠讓我一夜好眠。但假使未來確實與過去相同，那我會喜出望外。正如查理．蒙格所說：「享受福報的最好方法，就是把目標降低。」說得真好。

預留犯錯空間有個重要的兄弟，我稱為承擔風險的樂觀偏見，或是「俄羅斯輪盤在統計上應該發揮作用」症候群*：在任何情況下都無法接受不利因素時，緊緊抓住有利的機率不放。

納西姆・塔雷伯說：「你可以熱愛冒險，但完全厭惡毀滅。」確實沒錯，你應該抱持這種心態。

這個概念是，你必須承擔風險才能成功，但是不值得承擔任何會摧毀你的風險。當你玩俄羅斯輪盤時，機率對你有利，但不利的因素並不值得你拿潛在有利的因素賭一把。沒有任何安全邊際足以彌補這樣的風險。

金錢亦然。許多可以賺錢的事情，發生的機率可能對你有利，房地產價格很多年都在上漲，而且在這些期間你隔週就會收到薪資。但是如果某件事有九五％的機率是正確的，就有五％的機率是錯誤的，這意味著你一生中幾乎肯定會在某個時刻遭逢不利因素。要是這個不利因素的代價是毀滅性的，那麼無論其他九五％時間出現的有利因素看

＊ 俄羅斯輪盤是一個賭博工具，這是在左輪手槍裡的其中一個彈匣裝上子彈，任意旋轉轉輪以後開槍，雖然整體機率來說，沒有射出子彈的機率較高，但是如果射出子彈，玩家就死了。

起來有多吸引人，都不值得你去冒險。

在這裡，槓桿操作就是惡魔。槓桿操作是指背負債務，更進一步利用你的錢，進而把例行風險推升至某種可能產生毀滅的危機。危險之處在於，理性樂觀主義多數時候都會粉飾某個時刻恐將毀滅的機率，結果造成我們系統性的低估風險。近十年來房地產價格重跌三〇%，有些企業拖欠債務，這就是資本主義。事情發生了，使用高槓桿的族群遭受雙重打擊：不僅傾家蕩產，當未來時機再度成熟時，也沒有東山再起的機會。二〇〇九年被退出市場的屋主，在二〇一〇年沒有機會利用便宜的房貸利率；雷曼兄弟（Lehman Brothers）在二〇〇九年也沒有機會投資便宜的債券。它們已經玩完了。

為了避開這個問題，我把自己的錢分成兩個用途。一部分承擔風險，一部分則戒慎恐懼。這種做法並不一致，但是致富心態會讓你相信那是一致的做法。我只是想要確保可以持續夠長的時間來讓自己承擔的風險得到回報。你必須活下來才會成功。在此重複強調本書提到的重點：有能力在你想要的時間、與你想要的人一起做你想做的事，就能擁有無限大的投資報酬率。

預留犯錯空間不僅是把你認為可能發生事情的目標範圍擴大，更有助於保護你不受想像不到的事情衝擊，這可能是我們面臨最棘手的事件。

第二次世界大戰期間的史達林格勒戰役（The Battle of Stalingrad）是史上最大的戰爭，隨之而來同樣驚人的是人們如何應對風險的故事。

有個場景發生在一九四二年底，當時一支德國坦克部隊正在城市外圍的草地備戰。當前線迫切需要坦克時，發生一項讓每個人訝異的事：幾乎沒有一輛坦克車可以用。

這個部隊裡有一百零四輛坦克，只有不到二十輛可以操作。工程師很快就找到問題。歷史學家威廉．克雷格（William Craig）寫道：「在前線後方沒有行動的這幾週，田鼠在坦克內部做窩，啃食包覆電氣系統的絕緣材料。」

德國人打造全世界最精良的設備，但他們在那裡敗給田鼠。

你可以想像他們多麼不可置信。這種事情幾乎不曾閃過他們的心頭。什麼樣的坦克設計師會想到要防備田鼠？沒有一個合理的設計師會這樣做，即使研究坦克歷史的設計師也不會這樣做。

但是這類事情一直在上演。你大可為每項風險做好計畫，除了那些瘋狂到根本不會想到的事件。但那些瘋狂事件可能帶來最嚴重的傷害，因為它們發生的頻率常常多到超乎你的想像，而且你未曾為它們制定因應措施。

二〇〇六年，華倫．巴菲特宣布尋找接班人。他說自己需要的人選是「從骨子裡就意識到風險、並懂得迴避風險的人，包括迴避從未發生過的風險。」[45]

我在我的公司協和基金（Collaborative Fund）所支持的新創公司工作中，看到了這種技能。我們要求創辦人列出他們面對最大的風險，並提到常見的風險。不過，在經營新創企業諸多可預測的困難之外，我們還得為旗下投資組合裡的公司處理一些棘手議題，包括：

- 水管破裂，淹沒並毀掉其中一家公司的辦公室。
- 一家公司的辦公室被闖入三次。
- 一家公司被製造工廠拒絕往來。
- 一家門市因為某位顧客向衛生部門檢舉而歇業，原因是她不喜歡另一名顧客把狗帶進店裡。
- 一位執行長在需要全神貫注的募資期間碰到電子郵件詐騙。
- 一位創辦人精神崩潰。

在這些事件中，有幾件事對公司的未來至關重要，但沒有一件事可以預見，因為處理這些事的執行長或他們認識的人從沒遇過這些問題，這些事全都落在未知的領域。幾乎可以說，就定義而言，避免這些未知風險根本是不可能的任務。你無法為自己預見不到的事件做好準備。

有個方法可以杜絕損害，那就是避免單點故障（single points of failure）。對生活中的許多事情來說，有個很好的經驗法則就是，任何可能壞掉的事物最終都免不了會壞掉。所以要是許多事情都仰賴某件事才能運作，而那件事出問題了，你就等著災難到來。這就是單點故障。

有些人非常擅長避開單點故障。在飛機上，多數關鍵系統都有備援系統，而且這些備援系統還有備援系統。現代噴射機備妥四套多餘的電氣系統。你可以靠一具引擎飛行，而且在技術上來說不需要引擎就可以降落，因為每一架噴射機都必須可以只靠踩煞車就在跑道上停下來，無須啟動引擎的逆推力系統；吊橋在損失好幾條纜線的狀況下，同樣也不會崩落。

理財最大的單點故障就是，只依靠一份薪水來支應短期花費，卻沒有存款，使「你認為的支出額度」與「未來可能的支出」之間的差距拉大。

即使是最有錢的人，也經常忽略我們在第十章提過的訣竅：意識到你不需要一個特定的理由才能存錢。為買車、置產或退休存錢都很好，但其實為許多你不可能預見、甚至無法理解的事情存錢也同樣重要，這相當於在財務上預防田鼠之亂。

預測你會怎麼使用存款，這是假設你住在一個確切知道未來支出用在哪裡的世界，但沒有人能真的知道這些。我存了很多錢，而且我不知道未來會怎麼使用這些存款。很少有一個只為已知風險做好準備、能有足夠的安全邊際、能在現實世界裡活下來的財務計畫。

實際上，每項計畫最重要的部分是，要對事情沒有按照計畫走時做計畫。

現在，讓我告訴你這該如何套用在你身上。

14

你會改變

長期規畫比表面上看起來更困難，
因為每個人的目標和欲望會隨時間改變。

我有個一起長大的朋友，他既非權貴，也非天才，卻是我認識最勤奮的人。這樣的人可以提供許多寶貴的經驗，因為他們可是一步一腳印的走完成功之路。

他在青少年時就已經立下當醫師的人生使命與夢想。如果說形勢對他不利其實都很保守，當時有理智的人都不看好他有可能會實現夢想。

但是他奮發向上。而且雖然比同班同學晚了十年，終究成功穿上白袍。從兩手空空起步，一路過關斬將，最後登上醫學院的頂峰，進入最崇高的行業，應該有很大的成就感吧。

幾年前我和他聊天，對話大概是這樣：

我：「好久沒聯絡了！你過得如何？」

他：「這一行爛透了。」

我：「哈哈，這個嘛……」

他：「老兄，這一行爛透了。」

這段對話就這樣來回十分鐘。壓力與工時讓他筋疲力盡。他看起來對現在的自己很失望，就像對十五年前逼自己朝目標奮力邁進很失望一樣。

心理學的基礎就是，人們對未來自我的預測能力很差。

想像一個目標簡單又有趣，但在這種爭相追求成長的現實生活壓力下，要想像一個目標，則是完全不同的事。

這大大影響我們規畫未來財務目標的能力。

——

每個五歲男孩都想在長大後坐上卡車的駕駛座。小男孩的雙眼多半只見得到一份好工作，每天上下班都與「隆隆聲、嗶嗶聲，超大卡車，我來了！」為伍，很少有哪些工作可以跟這個工作相提並論。

然後很多人陸續長大了，明白駕駛卡車可能算不上是最好的職業，或許他們會想要更有名望或更能賺錢的工作。

於是，等到青少年時，他們夢想成為律師。現在他們覺得，或是說他們**知道**，計畫已經設定好。法學院和學費，我們來了。

接下來，他們當上律師，面對如此長的工作時數，很少可以見到家人。

因此他們或許會改做一份薪資較低、但工時彈性的差事。再來他們明白托育費用很昂貴，幾乎吃掉大半薪水，所以選擇在家當家庭主夫、主婦。他們最終做出結論，這才是最後的正確選擇。

然後到了七十歲，他們才恍然大悟，一輩子待在家裡，意味著完全沒有能力負擔退休生活。

我們之中有許多人都踩著類似的軌跡過生活。根據聯準會（Federal Reserve）統計，僅二七％的大學畢業生找到與主修科系相關的職缺；[46]二九％的全職父母擁有大學學位。[47]當然，很少人會對自己受過的教育感到後悔，但是我們都應該體認到，三十多歲的新手父母，會以十八歲為自己訂定職涯目標時無法想像的方式來思考人生目標。

長期財務計畫至關重要，但事情會改變，不僅周遭的世界會改變，你的目標與欲望也會改變。說「我們不知道未來會怎樣」是一回事，承認「自己至今仍不知道未來究竟想要什麼」卻是另一回事。而且真相是，我們真的很少有人知道。當你對未來想要什麼的看法可能改變時，做出禁得起長時間考驗的決定就很困難。

歷史終結錯覺（End of History Illusion）是心理學家說明人們的一種傾向，這是指人們會敏銳意識到自己過去歷經巨大變化，但低估未來自己的個性、欲望與目標可能改變的幅度。哈佛大學心理學家丹尼爾・吉伯特（Daniel Gilbert）曾經說道：

我們在人生中每個階段所做出的決策，會深刻影響未來自己想要成為什麼樣的人、過什麼樣的生活；但當我們變成那樣的人時，卻不總是樂見之前所做的決定。所以年輕人會花大錢去除青少年時期花大錢紋身的刺青圖案；中年人會趕緊與年輕時趕著結婚的伴侶離婚；老年人會努力花掉中年時努力積攢的存款。事情就這樣反覆上演。48

「我們所有人，」他說：「都帶著一種錯覺在漫步，那種錯覺認為，歷史（我們個人的歷史）剛走到盡頭，我們剛成為自己注定要成為的那種人，而且終其一生都會如此。」我們多半不曾從中學到教訓。吉伯特的研究顯示，十八歲至六十八歲的人會低估自己未來可能改變的幅度。

你可以看到這一點如何影響長期財務計畫。查理・蒙格說複利的首要原則是，**沒必要的話，絕對不要打斷它**。但是，當你想要的生活改變時，該如何才能不打斷在職業生涯、投資、支出、預算編列等金錢方面的計畫？其實很困難。像前面介紹過富有的警衛羅納．瑞德，以及華倫．巴菲特，他們會如此成功的部分原因是，幾十年來他們始終持續做同一件事，任複利自行發展。不過我們許多人都隨著時間不斷改變，不想要幾十年來始終如一的持續做同一件事，或是有任何類似的作為。所以，我們的資金不會有一套八十年的計畫，而是切分成四個二十年的計畫。

我認識一些年輕人刻意用很少的所得過著簡樸的生活，而且十分甘之如飴；也有一些人全力投入工作，來支付奢侈生活的費用，他們也十分樂在其中。兩者都有風險：前者的風險是沒有準備好成家或籌措退休金，後者的風險是遺憾年輕和健康的歲月都在辦公室裡度過。

這個問題沒有簡單的答案。跟一個五歲小男孩說他應該要成為律師，而不是卡車駕駛，他渾身上下每個細胞都會說不要。

但是當你做出你認為的長期決定時，要記住兩件事：

我們的財務計畫要避免走極端。假設你很高興接受一份超低薪的工作，或是選擇沒日沒夜的工作去追求高薪，有一天你會發現自己深感遺憾的機率可能在增加。歷史終結錯覺的動力便是來自眾人會適應大多數的狀況，所以，一項極端計畫的效益，包括幾乎不享有任何事物的極簡作風，或是幾乎坐擁一切的興奮刺激，都會逐漸消退；反之，極端作為的壞處，包括負擔不起退休生活，或回顧人生只剩追逐金錢，到頭來就會變成終身遺憾。當你決定捨棄先前的計畫，並感覺自己必須以兩倍的速度反向前進，藉此彌補早已流逝的時光，這樣的遺憾就會格外痛苦。

當你能給一套計畫幾年或幾十年的時間成長，複利就會發揮最好的效果。這不只適用於存錢，也適用在職業生涯與人際關係發展。持久是主要關鍵。當你考慮到我們有隨著時間改變心意的傾向，在人生中的重要時點取得平衡就變成一套避免未來遺憾、並鼓勵自己持久下去的策略。

在工作生涯的每個時間點，力求每年有足夠金額的存款、足夠的自由時光、不過多的通勤時間，與至少足夠的家庭生活時間等目標，就會讓自己堅守一套計畫的機率增加，而且避免因為哪一天其中某件事情落在光譜極端時感到後悔。

我們也應該要接受改變我們看法的現實狀況。我遇過一些悲慘的工作者只忠於一種職業，只因為那是他們十八歲進大學後決定選擇發展的領域。當你接受歷史終結錯覺的道理就會明白，在你還沒大到可以合法飲酒的年紀，選定一份到了符合領取社會安全福利的年紀時都還能樂在其中的職業，這樣的機率實在太低了。

個中訣竅是接受現實狀況已經改變，然後盡快繼續向前邁進。

與心理學家丹尼爾．康納曼合作寫下康納曼的書《快思慢想》（*Thinking, Fast and Slow*）的《華爾街日報》專欄作家傑森．茲威格，曾說過一則康納曼的人格怪癖讓他受益的故事：「丹尼爾有能力把我們剛完成的書稿推翻，沒有什麼事情比這件事更讓我訝異了。」他與康納曼可以不眠不休的寫完一章，但是：

> 你知道，接下來（康納曼）會寄來一個改到完全看不出來的版本：開頭截然不同，結尾也截然不同，內容包括你根本沒想過的趣聞軼事和證據，還取材你從沒聽過的研究。

「當我問起丹尼爾他怎樣重頭開始，彷彿我們從沒有寫過之前的草稿時，」茲威格繼續說道：「他說了一句我畢生難忘的話：『我沒有沉沒成本。』」[49]

沉沒成本就是將決定牢牢的固守在過去付出、卻無法獲得回報的努力。在一個眾人都會隨著時間改變的世界裡，這是惡魔，它們讓未來的自我被過去截然不同的自我所囚禁，就好像讓陌生人為你做出重大的人生決定一樣。

接受這樣的想法：毫不留情的放棄過去制定的財務目標，而不是為它裝上維生系統拖延下去，可能是一個把未來遺憾降到最低的好策略。

愈快做完這件事，你就可以愈快找回複利。

接下來談談複利的門票價格。

15

天下沒有白吃的午餐

每個事物都有價格，但價格沒有全寫在標籤上。

萬物皆有價格，與金錢有關的很多事情中，關鍵就是找出標價，並心甘情願付錢。問題在於，許多事物的價格在你親身經歷之前並不明顯，但到了那時，帳單往往已經過期。

——

二〇〇四年，奇異是全球最大的企業，市值超過三千三百億美元。在過去十年裡，它每年都在第一、二名之間升降，是資本主義下頂尖企業裡超閃亮的巨星。

然後，一切徹底崩裂。

二〇〇八年的金融危機把奇異旗下貢獻全集團超過一半獲利的財務部門推入火坑，最終還像廢棄物一樣被賣掉；隨後它押注的原油與能源都變成災難，導致最後得註銷幾十億美元的虧損。奇異的股價從二〇〇七年的四十美元，跌至二〇一八年的七美元。

各界的譴責全都猛烈的直接對準二〇〇一年接班的執行長傑夫．伊梅特（Jeff Immelt），大肆批評他的領導能力、併購決定、削減股息與裁員的做法，當然也包括一落千丈的股價。本因如此，在景氣大好的時候，紅利隨著盛世財富而來，一旦熱潮退燒，自然也得承擔責任。到了二〇一七年，他引咎辭職。

但是伊梅特談到這段過程時，卻有一些自己的見解。

伊梅特在回應批評人士說他的決策有錯，而且應該要做的事情顯而易見時，提醒他的接班人：「當你不是實際做事的人時，每個工作看起來都會很簡單。」

當你不是實際做事的人時，每個工作看起來都會很簡單，那是因為身處競爭場裡的人所面對的挑戰，往往是群眾看不到的。

處理無序擴張的龐大組織、短線投資人、監理機關、工會與根深柢固的官僚體系之間互相衝突的需求不只很困難，而且在你成為處理這些事情的人之前，你甚至很難意識到問題的嚴重性。伊梅特的接班人也學到這一點，他堅持了十四個月。

多數事情在執行時遠比紙上空談時困難得多。有時候這是因為我們過度自信，更常見的情況是，我們不善於辨識出成功的代價有多高，讓我們不知道是否真能負荷。

——

在截至二〇一八年的五十年間，標準普爾五百指數增加一百一十九倍，你只要坐著就好，讓資金複利成長。但是當然啦，當你不是投資人時，成功的投資方法看起來都很簡單。

你會聽到有人說要「長期持股」，這是個好建議。

但是你知道股市崩盤時維持長期持有的看法有多麼困難嗎？

成功的投資方法和其他有價值的東西一樣，都需要一個價格，但是它的計價單位並非美元和美分，而是波動性、恐懼、懷疑、不確定性和遺憾，除非你及時應付這些情緒，不然很容易忽視它們。

如果沒有能力體認到投資是有代價的，就會誘使我們試圖不勞而獲，這就像在商店行竊一樣，很少有好結果。

就說你想要一輛新車好了，售價是三萬美元。你有三個選項：（一）付三萬美元買下來；（二）找另一輛比較便宜的二手車；或是（三）偷走它。在這種情形下，九九％的人知道避開第三個選擇，因為偷車的後果比得到的好處來得大。

但是，假設未來三十年你每年想要有一一％的報酬率，這樣就可以安穩退休。這份報酬難道會從天而降嗎？當然不會。這個世界沒有那麼好心。這份報酬會有一個價格標籤和一張必須支付的帳單。這是市場永無止境的嘲諷，它會給你很高的報酬，但也會很快的把你的財富拿走。一九五〇年至二〇一九年，道瓊工業平均指數（Dow Jones Industrial Average）包含股利每年的報酬率大約是一一％，非常不錯。不過在這段期

圖 15.1　道瓊指數走勢

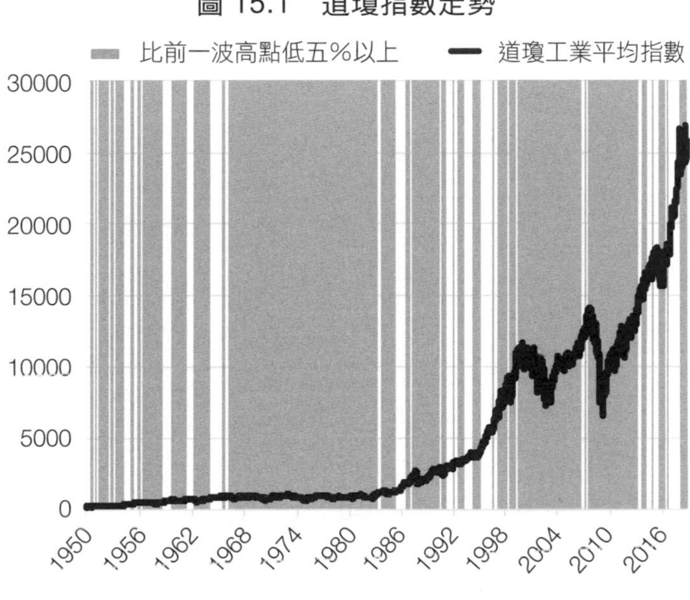

間，成功的代價也高得驚人。圖15.1的淺灰區間顯示的是指數比之前的歷史高點下跌至少五%的時期。

這是取得市場報酬的代價，也就是市場的收費。它是入場費，而且會讓人心痛。

就跟很多產品一樣，報酬愈高，代價就愈大。二〇〇一年至二〇一八年，網飛的股票報酬率超過三五〇〇〇%，但是在整個交易期間，有九四%交易日的股價低於之前的歷史高點。一九九五年至二〇一八年，能量飲料生產商怪物飲料（Monster Beverage）的報酬率是三一九〇〇〇%，創下史上最高紀錄，但在那段期間，有九五％交易日的股價都比前波高點還低。

現在我們要談到關鍵部分。就跟買車一樣，你只有幾種選擇：你可以付出代價、接受波動性與動盪；或者可以找到一種不確定性較低、而且報酬也比較低的資產，相當於二手車；或者你也可以試圖化身竊車大盜：試著一邊賺進報酬，一邊避免隨之而來的波動性。

許多人投資時會選擇第三個選項。雖然他們的出發點良善，也遵守法規，但他們就像偷車賊一樣，會祭出一些手法與策略，讓他們在不用付出代價的情況下就獲得報酬。他們頻繁買賣，試圖在下一次衰退來襲之前賣出，並趕在下一次榮景來臨前買進。絕大多數即使只有一點經驗的投資人都知道，波動性既真實又常見，於是許多人會採取看似合乎邏輯的下一步，那就是試著避開波動。

但是，金錢之神並不看好那些不付出代價就想尋求回報的人，有些竊車賊能僥倖脫逃，但有更多人被逮到，而且受到懲罰。

在投資上也一樣。

投資研究機構晨星（Morningstar）曾檢視策略型共同基金的績效，這些基金的策略是利用適當時機在股市與債市間切換操作，以比較低的下檔風險（downside risk）獲得市場報酬。[50]它們想要在不付出代價的狀況下獲得報酬。這項研究聚焦在二〇一〇年中至二〇一一年末，當時美國股市瀰漫一股新一輪衰退的恐懼，標準普爾五百指數也重挫超過二〇％，這正好是策略型基金可以大顯身手的環境，這是它們發光發熱的時刻。

根據晨星的計算，在這段期間總共有一百一十二支策略型共同基金，只有九支基金風險調整後的報酬率比簡單用股債六／四比的基金報酬還好。只有不到四分之一的策略型基金最大跌幅比放任不管的指數還小。晨星這樣寫：「除少數例外，（策略型基金）的收益較少、波動更大，或是說承受的下檔風險一樣大。」也就是說，下檔風險與沒有人為操作的基金相當。

散戶在決定投資標的時也會陷入相同的困境。根據晨星統計，平均而言，股票型基金投資人每年的績效會比他們投資的基金減少〇．五個百分點，因為他們在應該買進並持有基金時，進行買賣操作。[51]

諷刺之處在於，投資人試著避免付出代價，最終反而會付出雙倍的代價。

回頭看奇異的例子。其中一個錯誤來自前任執行長傑克．威爾許（Jack Welch）任內。威爾許以確保每季每股盈餘（EPS）打敗華爾街分析師的預期著稱。他是大師級人物。如果華爾街分析師預期每股盈餘是〇．二五美元，無論當時的業務狀況或經濟前景如何，威爾許就是會繳出〇．二六美元的成績。他會美化數據（這樣的描述還算寬厚）來達成目的，經常將未來的收益提前到當季認列，好讓數字乖乖聽主人的話。《富比世》報導其中一個例子：「（奇異）連續兩年「賣出」火車頭給不知名的金融合作夥伴，而不是終端使用者。這樣的交易帶給奇異許多商品所有權的風險。」[52]

威爾許從未否認要弄這種花招。他在《jack：二十世紀最佳經理人，最重要的發言》（*Jack: Straight From the Gut*）書中這樣寫：

> 我們的事業部門領導人因應危機的做法，就是典型的奇異文化。即使當季會計已經關帳，許多人會立即提出要出一點力彌補（盈餘）缺口。有些人說他們可以再從自己的業務中額外找出一千萬、兩千萬，甚至三千萬美元，以便抵消出乎意料的財務數據。

結果是，在威爾許的領導下，股東不必付出任何代價。他們得到一致而可預測的股價，在沒有不確定性的意外事件下，一支股票可以年復一年的大漲。終於一如往常，帳單到期了，奇異的股東因為公司長達十年的巨額虧損而受害，這些虧損以前都是透過操弄會計手段來掩蓋一切。威爾許時代的每一美分收益都放大成今日一角美元的損失。

最怪異的例子當屬破產的房貸巨頭房地美（Freddie Mac）與房利美（Fannie Mae），它們在二〇〇〇年代初期就被逮到**低報**當期盈餘數十億美元，意圖將這些收益分配到未來，提供投資人一種平穩與可預測性的假象。[53]這種假象指的就是不必付出代價。

問題是：為何有這麼多人會願意付錢買車、置產、買食物與度假，卻努力避免為了豐厚的投資報酬付出代價？

答案很簡單：投資成功的代價並非立即可見的價格標籤，所以當帳單到期時，也不會覺得是為了得到某些好產品而付出費用，反而像是犯下一些錯事所以被開罰單。雖然大家通常都很樂意付費，但都會想辦法逃避罰款。你應該先發制人做出避免被罰款的決定。得到交通罰單與國稅局的逃稅罰單代表你做錯事，理當受罰。任何人看著自己的財富縮水並視其為處罰的話，本能反應就是逃避未來的罰款。

這聽起來像是件小事，但是把市場波動視為手續費，而非罰款，是發展這種心態，讓你堅持夠長的時間，將投資收益朝向有利方向發展的重要部分。

很少投資人會抱持這樣的立場說：「就算我損失二〇%的資金，實際上我還是好得很。」對從未經歷二〇%跌幅的新手投資人來說，這是加倍真實的心聲。

但是，如果你將波動性視為手續費，情況便大不相同。

迪士尼樂園的門票要一百美元，但是你會和小孩度過難忘的一天。去年就有超過一千八百萬人認為花這個錢很值得，很少人會將一百美元視為懲罰或罰款。當你付錢時，很清楚這筆費用值回票價。

投資也一樣，波動性近似一筆手續費，而非罰款。

市場報酬從來就不是免費的，也永遠不可能免費。它們會像其他產品一樣要你付出代價。你不是被迫付錢，就像你不是被逼著去迪士尼樂園一樣。你可以改去票價只要十美元的在地鄉村園遊會，或者不花錢待在家裡。你可能一樣很開心，不過通常是付出多少就得到多少。市場也一樣。波動性／不確定性的費用就是取得報酬的代價，可以說是入場費，好讓你獲取遠高於現金與債券這些平價公園提供的報酬。

個中訣竅就是說服自己相信值得付出這筆市場手續費，這是妥善因應波動性與不確定性的唯一方法。不只是忍耐著付錢，而是體會到這是值得付出的入場費。

不過不保證未來就會一切完美，畢竟有時候迪士尼樂園也會下雨。但是，如果你視入場費為罰款，就永遠無法享受這樣的魔法。找出價格，然後付清。

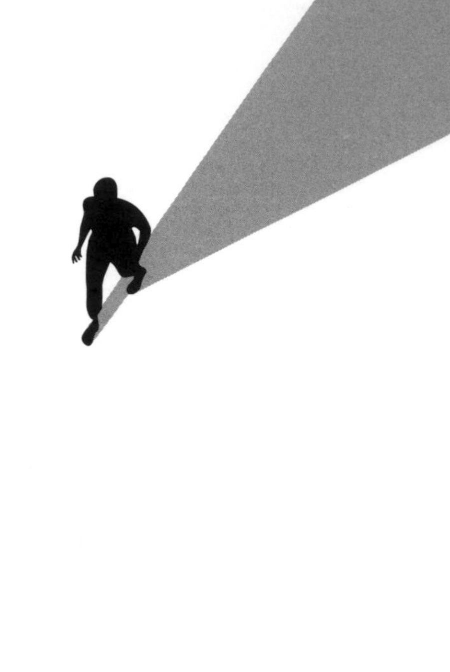

16

你和我

小心從另一種遊戲的玩家那裡得到的財務線索。

二〇〇〇年代初期網路泡沫破滅，家庭財富減少六兆兩千億美元。房市泡沫結束則是減少超過八兆美元。

金融泡沫對社會的破壞難以言喻，它們根本在摧殘生靈。

這些事情為什麼會發生？

而且為什麼會一**再**發生？

為什麼我們就是無法從中學到教訓？

這些問題常見的答案是，每個人都很貪婪，而且貪婪是人性中無法抹去的一項特徵。

這句話可能沒錯，對多數人來說，這個答案就夠好了。不過請記住第一章說的：沒有人真的是瘋子。眾人往往會在資訊缺乏、毫無邏輯的情況下，做出讓自己後悔的財務決定。但是在做決定的當下，這些決定對他們都是有意義的。將泡沫怪罪於貪婪並就此停手，會錯失重要的教訓，那就是人們如何與為何把事後看來都像是貪婪決定的行為合理化。

很難從泡沫經濟學到教訓的部分原因是，它們不像癌症，會有活體組織切片檢查，提供我們清楚的警告和診斷；它們比較像是政黨的興衰，都是事後才會看到結果，但發生的原因與責任從來就沒有共識。

投資報酬的競爭十分激烈，有些人在每個時點都必須擁有資產。這意味著單單只談泡沫的構想總會引發爭議，因為沒有人想要感覺自己擁有一堆被高估的資產。以後見之明來看，我們比較可能憤恨的互指鼻子大罵，而不是從中學到教訓。

我不認為我們真有能力充分解釋為什麼泡沫會產生。這就像是問為什麼戰爭會發生一樣，幾乎總是有好幾個原因促成，但它們多數都互相矛盾，而且全都有爭議。

這個主題太複雜，沒有簡單的答案。

不過讓我提出一個原因說明它們為什麼會發生，這個原因往往被忽視，但對你個人很適用：投資人經常無知的從另一種遊戲的玩家那裡得到線索。

金融界存在一個看似無害的觀念，但這個觀念一直以來卻造成無法衡量的損失。

這個觀念是，在不同投資人有著不同目標與時間規畫的世界裡，資產都各有一個合理的價格。

問問自己：今天你應該花多少錢來買 Google 的股票？

答案取決於「你」是誰。

你有三十年的投資規畫嗎？那麼你要付出的合理價格，與未來三十年 Google 折現後的現金流分析有關。

你想要在十年內變現嗎？那麼你要付出的價格，就要清楚分析未來十年科技業的發展潛力，以及 Google 的管理團隊能否實現公司的經營願景。

你想要在一年內找機會賣掉股票嗎？那就要注意 Google 目前的產品銷售週期，還有我們是否會迎來空頭市場。

你是當沖客嗎？那麼你要付出的合理價格是：「誰管它啊？」因為你就只是想在此時此刻到午餐前這段時間榨出一點錢，不惜任何代價。

當投資人（無論哪個資產階級）有不同的目標與時間規畫時，對某個人來說看似荒謬的價格，可能對另一個人來說很合情合理，因為這些投資人關注的要素並不相同。

就以一九九〇年代的網路泡沫為例。

人們看到一九九九年的雅虎股價可能會說：「實在太瘋狂了！比營收高出這麼多倍！這樣的市值不合理！」

但是很多在一九九九年擁有雅虎股票的投資人，投資的時間實在太短，因此付出過於荒謬的價格**對他們來說很合理**。無論雅虎的股價是一股五美元，還是一股五百美元，只要當天股價是朝著正確方向前進，都可以滿足當沖客的需求。多年來實際情況也確實如此。

金融界有一則鐵律是，資金會盡可能追逐最大的報酬。要是一項資產有動能，會持續上漲一段時間，對一群短線交易員來說，假設股票會繼續上漲也不是什麼瘋狂念頭。當然並不是需要永遠上漲，他們只需要有一小段上漲的時間就好了。動能以一種合理的方式吸引短線交易員。

於是競賽就此揭開序幕。

當短線報酬的動能吸引足夠的資金，就會促使大多數投資人從長線玩家變成短線玩家，泡沫就隱然形成。

這個過程會自行發展。隨著交易員推升短線報酬，它們就會吸引到更多交易員。不久後，而且通常不需要很多時間，擁有最大權力、具主導地位的市場價格制定者，就是投資規畫時間較短的玩家。

泡沫與市值增加無關，它只是其他現象的徵兆：隨著更多短線交易員進入這場賽局，投資的時間會更加縮短。

常聽人說，網路泡沫是一段非理性樂觀看待未來的時期，當年最常見到的標題是宣布破紀錄的交易量，當投資人在**單日**熱絡買賣股票時，就會發生這樣的狀況。投資人，特別是能夠設定價格的投資人，根本不會考量未來二十年的情況。一九九九年，一般共同基金的平均年週轉率為一二〇%*，意思是它們最多只考慮未來八個月的情況，就連買進共同基金的散戶也是抱著這種心態。瑪姬・馬哈爾（Maggie Mahar）在《多頭市場》（*Bull!*）寫道：

> 一九九〇年代中期，媒體不再報導年度成績單，改呈現每三個月的績效表現。這項改變刺激投資人追逐績效，爭相買進排行榜上最前面的基金，這時，剛好也是這些基金最貴的時刻。

這就是當沖、短期選擇權契約與即時市場評論當道的年代，它不是那種你會和長期觀點聯想在一起的型態。

同樣的情況發生在二〇〇〇年代中期的房市泡沫期間。

付七十萬美元在佛羅里達州買下住宅區的兩房公寓，打算未來十年在這裡生活，很難說是合理的做法；不過，如果你計畫幾個月內要在房價上漲的市場迅速轉售房子，藉此快速獲利，這樣就非常合理。這就是房市泡沫時期許多人在做的事情。

追蹤房地產交易的原子公司（Attom）數據顯示，在房市泡沫期間，美國房屋一年內出售超過一次的數量（也就是炒房）成長五倍之多，從二〇〇〇年第一季的兩萬戶，增加至二〇〇四年第一季的十萬多戶。[54] 泡沫破滅後，炒房的數量暴跌至每季不到四萬戶，自此便大致維持不變。

你以為這些炒房的人在乎長期的房價租金比嗎？還是他們支付的價格是否有長期收入成長在背後支撐？當然沒有。對他們在玩的遊戲來說，這些數字顯得無關緊要，對這些炒房客來說，唯一重要的事情就是，下個月的房屋價格會比上個月高，而且多年來也確實如此。

你可以用很多說法形容這些投資人，你可以稱他們是投機客，也可以稱他們是不負責任的人，還可以對他們願意承擔龐大風險而搖頭嘆息。

---

* 週轉率是指成交量占股票發行量的比例，又稱為換手率。年週轉率一二〇%意味著一年股票會換手一・二次，相當於每八個月股票就會換手一次。

但我不認為你可以說他們都不理性。泡沫成形不完全與眾人非理性的參與長期投資有關，比較像是他們有些理性的轉向短線交易，試圖抓住市場自行發展的動能有關。

當這種動能有潛力創造龐大的短期報酬，你期待眾人會做些什麼？耐心等待嗎？當然不會囉，這不是世界運作的方式。眾人永遠都在追逐獲利。短線交易員在一個忽略長期投資規則的領域裡追逐獲利，特別是與市值預估有關的規則，因為這些規則與正在進行的遊戲無關。

那正是事情開始有趣的地方，也是問題開始出現的地方。

當遊戲中的長期投資人開始從另一種遊戲的短線交易客那裡得到線索，泡沫就已經造成傷害了。

一九九九年，網路設備商思科（Cisco）的股價飆漲三〇〇%至六十美元，以那個股價來計算，公司市值高達六千億美元，真是瘋狂。很少人真的認為這家公司值這麼多錢，不過當沖客只是在享受他們的樂趣。經濟學家柏頓．墨基爾（Burton Malkiel）曾經指出，如果思科以這個市值下隱含的成長率成長，意味著公司規模將在二十年內超過美國整體的經濟規模。

但是，如果你是一九九九年的長期投資人，只能用六十美元的價格買進，而且很多人用這個價格搶進。你很可能會環顧四周，然後對自己說：「哇，也許這些投資人知道一些我不知道的事情。」也許你就會跟著進場了，甚至覺得這樣做很聰明。

你沒有體認到的是，為這支股票設定邊際價格的交易客其實正在玩一種完全不同的遊戲。對這些交易客來說，一股六十美元是合理的價格，因為他們打算在當天股市收盤之前就賣出股票，屆時股價有可能會更高。但對你來說，六十美元是一場災難，因為你計畫長期持有。

這兩類投資人鮮少知道彼此存在，但是他們都在同個市場上，互相朝對方跑去。於是，當他們的路徑盲目的交會在一起時，就有人會受傷。許多金融與投資決策都是建立在先觀察其他人怎麼做，然後複製別人的做法，不然就是反向操作。但當你搞不清楚為什麼其他人這麼做，就無法知道他們還會繼續這樣做多久、什麼事會讓他們改變心意，或是他們會不會學到教訓。

當美國電視台CNBC的股市評論員說：「你應該買進這支股票。」請謹記在心，他們不知道你是誰。你是享受交易樂趣的青少年？預算有限的年長寡婦？還是試圖在當季結束之前美化帳面數字的避險基金經理人？我們理當要認為這三種人考慮的優先事項都一樣嗎？而且不管股價多少，某支特定股票全都適合他們下單買進嗎？

這真是瘋狂的想法。

理解不同投資人的目標完全不同，這點很難做到，因為心理學的基礎之一，就是無法意識到理性的人能透過與你不同的視角看世界。高漲的股價說服所有投資人的方式，會讓最頂尖的行銷高手都眼紅不已，它們就像是一帖藥，可以讓價值導向的投資人變成天真的樂觀主義者，受另一名玩不同遊戲的玩家行動影響，脫離自己的現實世界。

你受不同遊戲的玩家影響，可能因此拋棄你認為應該如何花錢的原則。尤其是在已開發國家，很多消費性支出受到社會驅動：微妙的受到你欣賞的對象影響，還有你也有點希望其他人羨慕你。

但雖然我們可以看到其他人花如此多的錢買車、買房、買衣服與度假，卻看不到他們的目標、擔憂和願望。立志在聲譽卓著的事務所當上合夥人的年輕律師，可能得保持體面的形象，那是我這種可以穿著運動褲寫書的作家不需要做的事。不過當他買下的東西變成我設定的個人期望時，我可能會因此失望，因為我花的錢不會帶來像他一樣的職業生涯發展。我們的作風甚至沒有不同，我們只是在玩一個不同的遊戲，我花了很多年才想通這一點。

這裡的重點在於，在與金錢相關的事情中，很少事情比理解自己的時間規畫，以及不被不同遊戲的玩家所採取的行動與行為說服更重要。

我推薦最重要的做法就是，確認你正在玩一場什麼樣的遊戲。

我們很少人這麼做，這讓人大感意外。我們稱呼所有投資金錢的人為「投資人」，就好像他們是籃球運動員一樣，全都根據同樣的規則玩同樣的遊戲。當你意識到這個想法有多錯誤時，就會了解「確定自己正在玩的遊戲是什麼」有多麼重要。我在第二十章會詳細說明我如何投資，但幾年前我曾這樣寫：「我是被動的投資人，樂觀看待這個世界創造實質經濟成長的能力，而且我有信心，未來三十年這股成長力道會讓我的投資受益。」

這句話可能有點不合邏輯，不過一旦你寫下這段使命宣言就會明白，市場今年的表現如何、明年我們是否會陷入經濟衰退等每件事都與我的理念無關，它們都是我沒參加的遊戲環節，所以我不關心這場遊戲，也沒有被它說服的危險。

接下來，我們來聊聊悲觀主義。

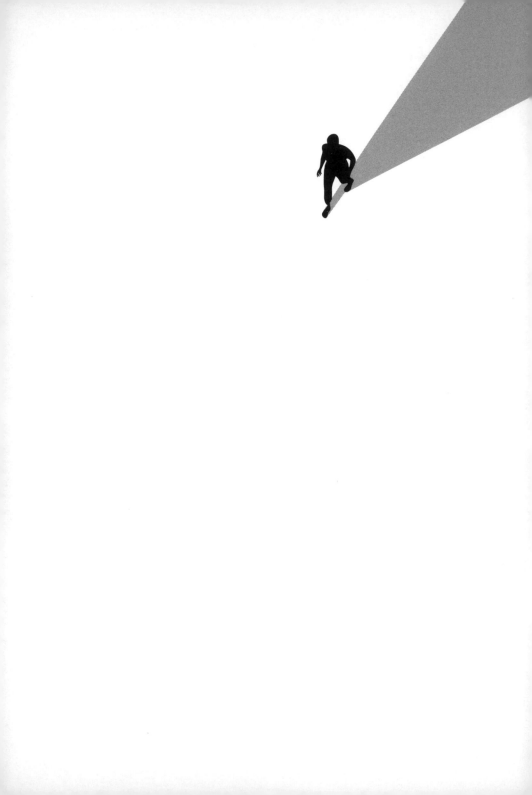

17

悲觀主義的魅力

樂觀主義聽起來像是推銷的話術，
悲觀主義聽起來則像是有人試圖伸手援助。

「出於我無法理解的理由，人們喜歡聽到世界末日來了。」

——歷史學家蒂兒蒂・麥克洛斯基（Deirdre McCloskey）

對多數人來說，樂觀是最好的對策，因為絕大多數時候，多數人會覺得我們這個世界正在漸漸轉好。

但是悲觀在我們心中占據特殊的地位。悲觀不只比樂觀更常見，聽起來也比較明智。它有一種理智層面的吸引力，而且比樂觀得到更多的關注，因為樂觀往往被認為是忽視風險。

在進一步討論之前，我們應該界定什麼是樂觀。真正的樂觀主義者不相信每件事情都會很好，那是自我感覺良好。樂觀是一道信念，相信長期下來，即使一路上橫遭挫折，好結果發生的機率仍然對你有利。多數人一早醒來會想試著把事情做得更完善、更有成效，而非睜開眼就想惹麻煩，這個簡單的概念就是樂觀主義的基礎，這不複雜，但也無法保證。對多數人、多數時候來說，它只是最合理的對策。已故統計學家漢斯・羅斯林（Hans Rosling）用不同的話來闡述這個概念：「我不是樂觀主義者。我只是非常認真的可能性主義者（possibilist）。」

現在，我們可以討論比樂觀更吸引人的兄弟：悲觀。

——

二〇〇八年十二月二十九日。

現代歷史上經濟最糟的一年即將結束。全球股市崩盤，全球金融體系每天都靠各方的支援維生，失業率飆升。

正當事情看起來不可能再更糟的時候，《華爾街日報》刊出一篇報導，主張好戲還在後頭。這篇頭版文章引述俄羅斯教授伊格．帕納林（Igor Panarin）的未來展望，他的經濟觀點足以和科幻小說家的才華媲美。

《華爾街日報》寫道：

> （帕納林）說，大約在二〇一〇年六月底或七月初，美國會分裂為六個部分，阿拉斯加將回歸俄羅斯掌控……加州將成為一個他所謂「加州共和國」（The Californian Republic）的權力中心，並成為中國的一部分，或是受中國影響；德州會是「德州共和國」（The Texas Republic）的核心，德州共和國是由好幾個州集結

> 起來，會納入墨西哥，或是受墨西哥影響。華盛頓特區與紐約會成為「大西洋美國」（Atlantic America）的一部分，而且可能加入歐盟（European Union）。加拿大會奪走幾個帕納林教授稱為「中北美共和國」（The Central North American Republic）的北方州。他認為，夏威夷將成為日本或中國的保護國，阿拉斯加會被納入俄羅斯。[55]

這不是漫談閒扯的祕密部落格文章，也不是迷信陰謀論的電子報，這是全世界聲譽最崇高的財經報刊頭版文章。

悲觀看待經濟無妨，即使預示大災變也沒關係，歷史上充斥著國家經歷衰退甚至瓦解的例子。

像帕納林這樣的故事有趣之處在於，它們的對立面，也就是極度樂觀的預測，很少像悲觀預言者一樣被認真對待。

以一九四〇年代末的日本為例。這個國家從經濟、工業、文化與社會等各方面來看，都被第二次世界大戰的戰敗摧毀，一九四六年的寒冬帶來飢荒，限糧政策導致每人每天攝取的食物熱量不到八百卡。[56]

想像一下，這時要是有個日本學者在報紙上發表文章說道：

各位，振作一點。在我們有生之年，我們的經濟會成長到二戰結束前將近十五倍的規模；我們的預期壽命會增加將近一倍；我們的股市會創造歷史上任何國家都難得一見的報酬；我們會有四十多年不會見到失業率超過六％；我們會在電子業創新與企業管理系統上成為世界領導人；不久後我們會變得很有錢，擁有美國幾處最高價的房地產。順帶一提，美國人將成為我們最親密的盟友，還會試圖複製我們的經濟見解。

它們會被一笑置之，覺得作者該去看醫生。

請謹記，前面這段描述在戰後日本時代**確實發生**，但是這段與帕納林相反的論述看起來荒謬可笑，但悲觀預言卻不然。

悲觀主義聽起來就是比樂觀主義更明智、更合理。

你告訴某個人一切都會變好，他們可能聳聳肩不當一回事，要不就是回以猜疑的眼神。不過如果你告訴某個人他們有危險，對方就會馬上專心聽你說。

如果有個聰明人告訴我，他們選了一檔明年會上漲十倍的股票，我會當他是胡說八道。

不過如果有個滿口胡說八道的傢伙告訴我，我擁有的一檔股票因為會計舞弊即將崩跌，我會撥出時間，一字一句聽仔細。

如果你說我們即將迎來一場經濟大衰退，報紙會想採訪你；不過如果你說未來經濟會平穩成長，不會有人特別在意；而如果你說我們即將迎來下一場經濟大蕭條，你就會上電視。但是提到好日子就在眼前，或是市場還有上漲空間，或是某家企業深具潛力，評論人員與在場觀眾的反應都很相似，那就是你若不是業務員，就是可笑的不關心風險。

投資電子報產業在很多年前就知道這一點，因此儘管上個世紀它在股市成長一萬七千倍（加計股息）的環境下經營，現在依舊通篇充斥末日預言。

金融之外的領域也是如此。馬特・瑞德利（Matt Ridley）在著作《世界，沒你想的那麼糟》（*The Rational Optimist*）中寫道：

> 持續不斷的悲觀主義通常會蓋過所有勝利之歌……如果你說世界會愈變愈好，

> 你的下場可能是被大家嘲笑太過天真與遲鈍；如果你說世界即將愈變愈好，大家會覺得你瘋狂得令人尷尬。反之，如果你說災難將至，或許可以期待領回一座麥克阿瑟天才獎（McArthur genius award），甚至是諾貝爾和平獎。在我成年之後……悲觀主義流行的原因變來變去，但悲觀主義始終存在。

漢斯·羅斯林在著作《真確》（*Factfulness*）中寫道：「我問到的每一群人都認為，這個世界比實際情況更可怕、更暴力，而且更沒有希望。總而言之更戲劇化。」

一旦你明白人類在一生中能在經濟成長、醫療突破、股市收益到社會平等這些事情上取得多大的進步，你會認為樂觀主義會比悲觀主義更能引起關注。但事實不然。

多年來，悲觀主義的思想魅力廣為人知。一八四〇年代，約翰·司徒·彌爾（John Stuart Mill）就寫道：「我觀察到，會被許多人推崇為聖賢的，不是『在眾人絕望下唯有我抱持著希望』的人，而是『在眾人抱持希望下只有我絕望』的人。」

問題是，為何如此？它又是如何影響我們的金錢觀？

讓我們重申一個前提：沒有人真的是瘋子。有充分理由顯示，在面對金錢問題時，悲觀主義很吸引人，而知道這些理由有助於我們確保自己不會過於被吸引。

悲觀主義吸引人的部分原因是出於本能與必然。康納曼說，不對稱的損失趨避是一種不斷演化的防護罩。他寫道：

> 直接比較或相互權衡時，損失隱約比收益更為放大。正面期望或體驗的力量，以及負面期望或體驗的力量，兩種力量之間的不對稱性有一段演化史。更緊急去處理威脅而非機會的生物比較有機會活下來，並繁衍後代。

但是，還有一些事讓金融悲觀主義更容易出現、更為常見，而且比樂觀主義更有說服力。

第一，金錢無處不在，所以壞事一發生，往往會影響每個人，並引起所有人關注。

天氣就不是如此了，襲擊佛羅里達州的颶風不會對九二%的美國人造成直接威脅，但一場重挫經濟的衰退可能衝擊包含你在內的每一個人。**所以，小心一點**。

這一點適用股市這類具體的事物。所有美國家庭中，超過一半的家庭擁有股票。[57]即使在沒有持股的家庭中，也因為媒體大肆報導股市漲跌，使得道瓊工業平均指數可能成為沒有持股的家庭最常關注的經濟指標。

股價上漲一%，晚間新聞可能會簡短帶過，但下跌一%卻會以粗體、大寫、而且往往會用鮮血般的紅色字體標示，這種不對稱性很難避免。

很少有人質問或試圖解釋為什麼市場會走高，難道它不應該走高嗎？但幾乎總是有人企圖解釋為什麼市場會下跌。

投資人對經濟成長感到擔憂嗎？

聯準會又把事情搞砸了嗎？

政客做出錯誤決定嗎？

接下來是否還會有不好的事情發生？

關於下跌為何會發生的描述，讓它們更容易被各界討論、擔憂，並建構一則你覺得下一步會怎樣發展的故事，通常是更多大同小異的事。

即使你沒有股票，那樣的事情也會抓住你的注意力。一九二九年股市崩盤觸發經濟大蕭條的前夕，僅二．五%美國人擁有股票。儘管不是全世界的人都在注意，但多數美國人都不可思議的看著市場崩垮，猜想這件事對自己的命運送出什麼訊號。無論你是律師、農夫或汽車技工皆然。

歷史學家艾瑞克．羅威（Eric Rauchway）寫道：

> 市值下跌只立即帶給少數美國人痛苦，但其他人緊盯著市場，並視它為自身命運的指標，以至於他們突然停止許多經濟活動。正如多年後經濟學家約瑟夫．熊彼得（Joseph Schumpeter）寫道：「人們覺得腳下的土地正在坍塌。」[58]

無論你對金錢與健康是否感興趣，它們都會影響你的生活。健康議題往往攸關個人，金錢議題則更具系統性。在一套環環相扣的體系內，一個人的決定有可能影響其他人，這就可以理解為何金融風險動輒成為鎂光燈的焦點，還能以一種其他議題很少可以比擬的方式抓住眾人的關注。

第二，悲觀主義者往往不考慮市場如何調適，就武斷的推論當前趨勢。

二〇〇八年，環保主義者雷斯特．布朗（Lester Brown）寫道：「到了二〇三〇年，中國每天將需要九千八百萬桶石油。目前全球一天生產八千五百萬桶，而且可能永遠無法產出更多。全球石油儲量就這樣耗盡。」59

他說對了，在那種情境下，全世界會把石油耗盡。

但這不是市場的運作方式。

經濟學有一則鐵律：極好與極壞的情況很少會持續太久，因為供給與需求以一種難以預測的方式自我調適。

想一想在布朗預測後，石油業立即發生的事情。

二〇〇八年，隨著全球石油需求成長（大部分來自中國）到接近潛在產出，油價飆升。二〇〇一年，一桶原油售價二十美元，二〇〇八年漲至一百三十八美元。60

新價格意味著，鑽探石油就像開挖地底下的黃金，原油生產商的誘因有了驚人的改變。油價一桶二十美元時，不值得他們花心思突破難以開採的原油供應技術，畢竟鑽井成本抵不過賣油所得；但是在一桶一百三十八美元時，這門生意就成為一生的致富之道。

這激發出一波全新的水力壓裂（fracking）與水平鑽井（horizontal drilling）技術。縱觀人類歷史，地球的原油蘊藏量大致不變，我們很久以前就知道哪些地方蘊藏豐富的原油；改變的是我們擁有的技術，讓我們可以用成本更低的方式從地下汲取出原油。石油歷史學家丹尼爾．尤金（Daniel Yergin）寫道：「美國八六％的原油蘊藏量不是發現礦藏時估算的結果，而是隨著我們技術改良修正後的結果。」

這就是二〇〇八年水力壓裂技術興起的真相。單單在美國，原油產量就從二〇〇八年每日五百萬桶，增至二〇一九年的一千三百萬桶；[61]現在全球原油產量每天超過一億桶，比布朗假設的高點多出大約二〇％。

對二〇〇八年武斷推論原油趨勢的悲觀主義者來說，情況看起來當然很糟糕，但是對理解需求為一切發明之母的現實主義者來說，事情就沒有那麼可怕了。

「假設某些不祥的事會一直不祥」是很容易做出的預測。它有說服力，因為不用想像世界正在改變。不過問題會修正、人們會自我調適，威脅則會以相同的強度激勵出解決方案。這是常見的經濟史情節，以直線思考來預測未來的悲觀主義者太容易忘記這一點。

第三，進展發生得太緩慢，難以察覺，但挫敗發生得太快，難以忽視。

一夜之間迎來悲劇很常見，但一夜之間迎來奇蹟卻很罕見。

一八八九年一月五日，《底特律自由報》（*Detroit Free Press*）否決人類長久以來想要像鳥兒一樣飛在空中的夢想，寫著飛機「似乎不可能出現」：

> 一具飛行器加滿必要的燃料、放上工程設備以後，重量不可能少於一百三十五公斤或一百八十公斤……但物體飛起來的重量上限，肯定不能超過二十二公斤。對動物來說，超過這個數字就不可能飛起來。大自然有其極限，就算盡最大努力也無法超越。

六個月後，奧維爾．萊特（Orville Wright）從高中輟學，協助哥哥韋伯（Wilbur）在自家後院的小屋拼湊出一台印刷機，這是兄弟檔聯手發明的第一樣產物，但不是最後一項。

如果你必須列出二十世紀最重要的發明，飛機如果不是第一名，肯定至少是前五名。飛機改變**每一件事**，它啟動世界大戰，也讓世界大戰結束；它連結全世界，拉近城市與農村社區、海洋與國家之間的差距。

但是萊特兄弟追求打造第一架飛機的故事，有一個讓人稱奇的轉折。

似乎沒有人留意他們征服飛行這件事，似乎也沒有人在乎。

費德烈．路易士．艾倫在一九五二年談美國歷史的書中寫道：

> 幾年過去後，大家才領悟萊特兄弟做了什麼事。大家深信飛行是不可能的，因此一九〇五年見到他們在（俄亥俄州）德通市（Dayton）試飛的多數人都認定，眼前看到的只是意義不大的把戲，就像當今多數人視心電感應為一種表演一樣。直到一九〇八年五月，距離他們第一次飛行大概四年半後，資深記者被派去觀察他們在做什麼，資深編輯完全信任這些記者激動發出的新聞快電，全世界終於醒過來，清楚知道人類已經成功實現在天空飛行的夢想。

即使大家見識到飛機的神奇，人們多年來仍一直低估它。

首先，它主要被視為軍事武器，然後是有錢人的玩具；後來或許被用來載運一小批乘客。

一九〇九年，《華盛頓郵報》（*The Washington Post*）寫道：「絕不會有所謂商業航空貨機這類的東西。貨物運輸將繼續拖著重物，緩慢的橫越地球。」五個月後，第一架貨機起飛。

現在，對比人們等待數年才緩慢領悟到飛機的發展，變得很樂觀，人們關注企業破產之類引發悲觀的發展速度如此快。

或一場戰爭。

或一起飛機**失事**。一九〇八年開始有報導第一次提到萊特兄弟發明飛機，當時是一名叫作湯瑪士．賽佛吉（Thomas Selfridge）的陸軍中將在一場飛行示範中喪生。[62]

成長是由複利驅動，這總是需要時間；破壞則可能來自幾秒內發生的單點故障，或是轉瞬之間的失去信心。

發想一段圍繞悲觀主義的論述相對容易，因為故事片段多半比較新鮮、比較新近；樂觀的論述需要檢視一長串歷史沿革與發展，人們多半會忘記，需要多花點心力才能拼湊在一起。

試想醫學的進步。回顧去年不會有什麼正面感受，就算回顧任何一段十年時間的發展也差不多。但是回顧過去五十年的發展，就會看到一些驚人的事蹟。舉例來說，根據美國國家衛生院（National Institute of Health）的資料，一九六五年以來，調整年齡後（age-adjusted）的平均心臟病死亡率已經大幅降低超過七〇％。[63]心臟病死亡率減少七〇％，意味著每年足以挽救大約五十萬名美國人的性命。可以想成**每年拯救亞特蘭大全體市民的性命**。但是這樣的進步發生得如此緩慢，所以不會像恐怖主義、飛機失事或自然災害這類迅速、突發的損失那麼吸引大眾關注。如果我們每週都遭受五次卡崔娜颶風（Hurricane Katrina）襲擊，試想一下那樣會收到多少關注，但是這樣的死亡人數還是不會抵銷過去五十年來心臟病死亡率下降每年拯救的人命。

同樣的事情也適用於商業界。了解一項產品或一家企業有多重要，可能得花好幾年，但失敗在一夜之間就會發生。

還有股票市場，六個月內下跌四〇％會引起國會介入調查，但六年內上漲一四〇％卻幾乎沒有人會注意到。

還有在職業生涯上，名聲需要花一輩子打造，但一封電子郵件就可以摧毀。

悲觀主義的短期劇痛占上風，樂觀主義強大的影響力卻沒有人注意到。

這再次強調本書之前提到的重點：投資時你必須先認清成功的代價，也就是理解長期成長背景下的波動與損失，然後心甘情願付出代價。

——

二〇〇四年，《紐約時報》採訪史蒂芬・霍金（Stephen Hawking），這位科學家二十一歲時罹患無法醫治的運動神經元疾病，讓他癱瘓，而且喪失說話能力。

透過電腦，霍金告訴採訪團隊，他對賣書給外行人閱讀有多麼興奮。

《紐約時報》問他：「你總是這麼快樂嗎？」

他回答：「二十一歲時，我的人生期望值跌到零分。之後發生的每一件事都是加分。」

期望每一件事都很好，意味著一個感覺平淡的最好情境。悲觀主義則是降低期望值，縮小「可能的結果」與「你認為很好的結果」之間的差距。

或許這就是它如此吸引人的原因。期待諸事不順，反倒是讓人在事情沒那麼不順時感到驚喜的最好方式。

諷刺的是，這是值得樂觀的事。

現在，我們來看看一則與「故事」有關的短篇故事。

18

當你相信任何事

吸引人的虛構故事，以及為什麼故事比統計數據更強大。

想像一下，一個外星人被派往地球，他的工作是密切注意我們的經濟狀況。他在紐約市上空盤旋，試圖估計我們的經濟規模，以及二〇〇七年至二〇〇九年間有什麼改變。

在二〇〇七年的除夕夜，他繞著時報廣場（Times Square）打轉，看到上萬名快樂趕著參加派對的人潮，旁邊圍繞著明亮的燈光、超大的廣告招牌、煙火與電視攝影機。在二〇〇九年的除夕夜，他重返時報廣場，看到上萬名快樂趕著參加派對的人潮，旁邊圍繞著明亮的燈光、超大的廣告招牌、煙火與電視攝影機。

看起來差不多。他看不出來有什麼不同。

他看到數量相當的紐約人在市區奔走，旁邊有數量相同的辦公大樓圍繞，辦公大樓內部則放著數量相同的辦公桌與電腦，接上數量相同的網際網路連接點。

在城外，他看到數量相同的工廠和倉庫，由數量相同的高速公路串聯，高速公路上則有數量相同的卡車奔馳。

他靠近地面，看到相同的大學在傳授相同主題的課程，頒發相同的學位給數量相當的學生。

他看到數量相同的專利，保護相同的開創性理念。

他注意到科技已經進步。二〇〇九年每個人都拿著二〇〇七年還不存在的智慧型手機。現在的電腦更快、醫學更進步、汽車跑得更遠、太陽能與水力壓裂技術已有進展，社群媒體也呈指數般加倍成長。

他繞著全美國飛行時都看到相同的場景，全世界各地的情況也大致相同。

他總結，二〇〇九年的經濟情況與二〇〇七年大致相同，甚至可能更好。

然後，他檢視數字。

二〇〇九年，美國家庭總收入比二〇〇七年減少一兆六千億美元，他嚇到了。

美國失業人數多出一千萬人，他嚇得說不出話來。

當他知道股市的市值只剩下兩年前的一半，他難以置信。

他無法相信人們對自己的經濟潛力預測值大幅縮水。

「我不明白，」他說：「我看著這個城市、我檢視工廠。你們保有相同的知識、相同的工具、相同的想法。什麼都沒改變！為什麼你們變窮了？為什麼你們變得更悲觀了？」

這個外星人沒看到二〇〇七年至二〇〇九年間發生的一項改變，那就是我們告訴自己的經濟故事。

二〇〇七年，我們說的故事是房價穩定、銀行家謹慎小心，而且金融市場具備為風險訂價的精準能力。

二〇〇九年，我們不再相信這則故事。

那是唯一改變的事情，但它讓全世界完全不一樣了。

一旦房價持續升高的論述被打破，房貸違約率就開始爬升，接著是銀行虧錢，然後它們就會減少放款給其他企業，導致裁員，進而又造成支出減少，然後裁掉更多人，如此不斷反覆循環。

除了堅守一套新論述，我們在二〇〇九年擁有與二〇〇七年相同、甚至更強的財富與經濟成長能力，不過經濟卻遭逢八十年來最嚴重的打擊。

這和一九四五年的德國製造業據點都被夷為平地，或是二〇〇〇年代的日本就業年齡人口正在衰減都不一樣，那些都是**具體的**經濟損失。二〇〇九年，我們**說故事**來傷害自己，而且說的是嚴重的故事，這是現存最強大的經濟力量之一。

每當我們思考經濟、商業、投資和職業生涯的成長時，往往先想到具體的事情，好比我們有多少東西、我們有能力做什麼事？

但是到目前為止，故事才是經濟中最強大的力量，它們是讓經濟中有形部分發揮作用的燃料，或者是阻礙我們發揮能力的煞車器。

就個人層面而言，在故事驅動的世界裡，管理自己的資金時請謹記兩點。

第一，你愈想要某件事成真，就愈有可能相信一則高估事情可能成真的故事。

你這一生中最快樂的日子是哪一天？

紀錄片《長青不老的方法》（*How to Live Forever*）向一名百歲人瑞提出一個單純的問題，對方給了讓人訝異的回應。

她說：「第一次世界大戰停戰紀念日（Armistice Day）*。」她指的是一九一八年的停戰協議。

製片人問：「為什麼？」

她說：「因為我們知道以後再也不會有戰爭。」

二十一年後，第二次世界大戰爆發，造成七千五百萬人死亡。

生活中有許多我們信以為真的事情，因為我們迫切希望它們是真的。

---

* 十一月十一日。

我稱這些事情是「吸引人的虛構故事」，這些故事大幅影響我們思考金錢的方式，特別是投資與經濟。

當你是個聰明人，想要找出解決方法，卻面臨有限的控制權和高風險組成的情境時，吸引人的虛構故事就會發生。

它們有很強大的力量，可以讓你相信幾乎任何事情。

舉個簡單的例子說明。

阿里・哈賈吉（Ali Hajaji）的兒子生病了。葉門的村莊長老建議一種民俗療法：燒紅一根棍棒，將削尖的棒頭刺穿兒子胸膛，讓病痛從身體排出。

哈賈吉完成這道儀式後，對《紐約時報》說：「當你沒錢，兒子又生病，你就會相信任何事情。」64

傳統醫學比有效的藥物早數千年出現。在科學方法還沒開發出來，也還沒發現細菌之前，民間就有放血、飢餓療法、在身上開個洞來驅趕惡魔，以及其他一些只會加速死亡的療法。

這聽起來很瘋狂，但如果你絕望的需要一套解決方法，而且你不知道那個好方法，又沒有現成的好方法可用時，阻力最小的途徑就是循著哈賈吉的推論前進：願意相信任何事情。不只是嘗試任何事情，而是相信它。

丹尼爾・狄福（Daniel Defoe）在一七二二年編輯的《倫敦大瘟疫》（*The Great Plague of London*）寫道：

> 人們比以往任何時候都更沉迷預言和占星術、夢境和無稽之談……天文年曆嚇壞他們了……屋子與街角貼滿醫生的廣告和無知人士的文章，邀請人們上門採用他們的療法，通常都是誇張的寫著：「對抗瘟疫萬無一失的預防藥」、「永不失敗的抗感染防腐劑」、「防止空氣腐敗的萬靈藥水」。

瘟疫在十八個月內奪走四分之一的倫敦人口。風險如此高，你幾乎會相信任何事。

現在，請想想同樣有限的資訊與高風險會如何影響我們的財務決定。

為何人們會聽信電視節目中幾乎沒有成功紀錄的投資評論員提供的建議？部分原因是投資的風險非常高。只要挑對幾支股票就能不費力氣致富。如果某個人的預言有一%的機率可能成真，而且一旦成真就會改變你的人生，聽聽他怎麼說也不算瘋狂吧。僅僅是以防萬一。

財務觀點何其多，一旦你選定或偏好某一套策略，就會花錢、也會花心神投資它。如果你想要某一支股票漲十倍，它就和你成為命運共同體。如果你認為某一套特定的經濟政策會引發惡性通膨，它就成為你的立場。

這些情況可能都是低機率的賭注，問題是抱持這些觀點的人不能、或不想把這些情況發生的機率調低，像是調成一％的機率。許多人預設一股堅定的信念：他們想要認為信以為真的事情就是不折不扣的事實，但他們這樣做只是因為有可能出現很大的影響。

投資是少數幾門每天都有機會獲得豐富報酬的領域之一。某種程度來說，相信金融騙術的人並不會相信胡謅天氣狀況的人，因為正確預測股市下週走勢帶來的報酬，和預測下週天氣是晴是雨所獲得的回報，是兩個不同的領域。

想想看，二〇一八年為止的十年來，八五％主動式共同基金的表現比它們的績效指標還差。[65]這個數字穩定維持好幾個世代。你會想，一個表現如此差勁的產業將是利基型服務產業，而且在商業界經營得很辛苦。但是投入這些基金的總金額將近五兆美元。[66]提供某人「和下一個巴菲特」一起投資的機會，他們會堅信幾百萬人將會把終身積蓄投入其中。

或是以伯納．馬多夫為例。從後見之明來看，他的龐氏騙局應該顯而易見。他提出的報酬率從沒有變化，而且是由相對不知名的會計公司審計，還拒絕公布更多如何達到這些報酬率的資訊。不過馬多夫可以從全世界最精明的投資人手中募集幾十億美元，因為他說了一個好故事，而大家都願意相信這個故事。

這就是前面幾章討論為何要預留犯錯空間、彈性與財務獨立等重要主題不可或缺的一大原因。

為了獲得可接受的結果，「你想要的真實」與「你需要的真實」之間的差距愈大，你就愈能保護自己，不會因為吸引人的金融虛構故事而受害。

當你思考在一項預測中預留犯錯空間時，很容易會認為，可能出現的結果分布範圍將從「你正好說對了」，到「你說的非常、非常正確」。但是最大的風險在於，你一心想要相信某件事是真的，以至於你的預測範圍幾乎和現實沒有交集。

聯準會在二〇〇七年最後一場會議中預測二〇〇八年和二〇〇九年的經濟成長。[67]它對疲軟的經濟感到厭倦，感覺不樂觀。它預測潛在的成長區間低點是一・六％、高點是二・八％，這是它的安全邊際，也是它的犯錯空間。但現實中經濟萎縮超過二％，意思是比聯準會預測的低點都還少了將近三倍。

對決策者來說，預測經濟徹底衰退很困難，因為經濟衰退會讓他們的工作變得很複雜。所以即使是最壞情況的預測，也很少會預期比成長「有點緩慢」還糟。這就是吸引人的虛構故事，很容易就讓人相信，因為預期任何事更壞太痛苦，所以不予考慮。

決策者很容易成為批評目標，但某個程度來說，我們所有人都是這樣做，而且會從兩個方面去做。假如你覺得衰退將至，就會按照預期出清持股，你對經濟的看法會突然被你希望發生的事情所曲解；金融市場每一道忽上忽下的走勢、每一則軼聞趣事，看起來都像是一則厄運將至的訊號，但有可能不是因為情況真的如此，而是你希望情況是這樣。

誘因是強大的動機，而且我們應該永遠記住它們如何影響我們的財務目標與展望。這句話再強調也不為過：在金融領域中，預留犯錯空間的力量最強大，而且風險愈高，預留的空間應該也要愈大。

第二，每個人看待世界的視角都不完整，但我們會想像一套論述來填滿其中的空白。

在我寫這篇文章時，我的女兒大約一歲。她對每件事都很好奇，而且學得很快。但有時我會想像她無法理解的所有事物。

她不明白為何爹地每天早上都要去上班。帳單、預算、職業生涯、升官和為退休存錢這些概念對她來說全都很陌生。試想一下，你試圖向她解釋聯準會、信用衍生性金融商品（credit derivatives）或北美自由貿易協定（NAFTA），都是不可能的事。

但是她的世界並不黯淡，她不會在困惑中四處徘徊。即使她只有一歲，也已經在內心寫好每件事如何運作的劇本。毯子會讓她溫暖、媽咪會緊緊抱住她，保護她的安全，而且椰棗很好吃。

她碰到的每一件事都符合幾十組她學到的心智模式。當我出門去上班時，她不會困惑的停下來，納悶什麼是薪水和帳單。她對這種情形有一套明晰的解釋：爹地不能和我玩，但我想要他和我玩，所以我很傷心。

她了解的事情很少，但她並不知道這一點，因為她會根據自己理解的一點現實情況，發想出一則前後一致的故事。

我們所有人，無論年齡大小，都會做同樣的事。

我就像我的女兒，我不知道我不知道什麼，所以我很容易透過我可以使用的有限心智模式去解釋世界。

就像她一樣，我會為碰到的每一件事尋找最容易理解的原因；就像她一樣，在這些事情上有很多我會弄錯，因為我理解這個世界運作的程度，遠低於我以為的程度。

對多數基於事實的主題也是如此。

以歷史為例，它就只是重新敘述已經發生過的事，理應清楚、客觀。但正如李德哈特（B. H. Liddell Hart）在《人類何以陷入戰爭》（*Why Don't We Learn From History?*）這本書中這樣寫道：

> 少了想像力與直覺，就無法解釋（歷史）。大量證據有如排山倒海湧入，不可避免需要挑選。有選擇，就有技巧。閱讀歷史的人往往會尋找能夠證明自己正確並證實個人看法的觀點。他們捍衛忠誠。他們帶著肯定或攻擊的目的閱讀。他們抗拒自己不願承認的事實，因為每個人都想站在正義的一方，就像我們發動戰爭來終結所有戰爭一樣。

丹尼爾．康納曼曾告訴我幾個人們為了了解過去而告訴自己的故事：

> 後見之明，也就是解釋過去的能力，提供我們世界可以理解的幻想；也提供我們世界運作自有道理的幻想，即使在情況不合理的時候。在許多領域裡，這是產生錯誤的大問題。

多數人面對自己不理解的事物時，並沒有意識到自己不理解，因為他們可以依據自己置身世界的獨特觀點與經驗，想出一道說得通的解釋，無論這些經驗多麼有限。我們都希望自己身處的複雜世界很合理，所以會對自己說故事，填滿實際應該是盲點的空白。

這些故事在財務層面帶給我們的影響既令人著迷，也令人恐懼。

當我對世界運作的某些部分視而不見時，就可能完全誤解為何股市會這樣發展，然後用一種太相信自己能力的方式預測股市接下來的發展。預測股市與經濟如此困難的部分理由在於，你是全世界唯一認為世界依你所想的方式運作的人。當你依據某些我甚至不明白的理由做出決定，我可能會盲目的跟著你做出對你來說正確、但對我來說卻是災難的決定。這就是我們在第十六章看到泡沫成形的原因。

接受你不明白的事情有多少，意味著接受世界上發生的許多事情自己都無法掌控。

這一點可能讓人很難接受。

想想市場預測。我們對這件事非常非常不在行。我曾經算過，如果你只是假設市場每年都以歷史平均水準上漲，你的準確度會比你跟著華爾街大型銀行前二十大市場策略家平均的年度預測來得高。我們預測衰退的能力也沒有比較好，由於大事件都不知道是從哪裡冒出來，預測可能弊大於利，在看不見的事件控制多數結果的世界裡，給我們一種可以預測的幻想。卡爾・理查茲（Carl Richards）寫道：「風險就是，當你認為你已經想到所有事情之後，剩下來沒想到的事。」

每個人都知道這一點。我沒有碰過哪個投資人真心認為：市場預測整體而言很準確或有用。不過我們對於預測還是有龐大的需求，不管是對媒體的預測，還是財務顧問的預測。

為何如此？

心理學家菲利普・泰特洛克（Philip Tetlock）曾寫道：「我們需要相信自己生活在一個可以預測、可以控制的世界，所以我們請教聽起來夠權威的專家，他們承諾滿足那股需求。」

滿足那股需求是很貼切的說法。想要相信事情在掌控中，這是一股需要被填滿的情緒渴望，而非一個需要計算並解決的分析性問題。控制的錯覺比不確定的現實更具說服力，所以我們會緊抓住那些可以掌控結果的故事。

這部分與「精確性領域」與「不確定性領域」的混淆有關。

兩年前，美國航空暨太空總署（NASA）的新視野號（New Horizons）經過冥王星，這是一趟四十八億公里的旅程，歷時九年半。根據美國航空暨太空總署的資料，這趟旅程「比二〇〇六年一月發射時預測的時間減少一分鐘」。[68]

想想這一點。在一趟未經測試、為時十年的旅程中，美國航空暨太空總署的預測精準度高達九九・九九九九八%。這就像預測一趟從紐約到波士頓的旅途時，將精準度縮小在四百萬分之一秒內一樣。

但是天體物理學屬於進動（precession）*領域，不像財務領域會受到人類難以預測的行為與情緒影響。商業、經濟與投資都是不確定性領域，絕大多數都被無法以明確公式簡單解釋的決定所驅動，但冥王星之旅卻可以。不過我們極度渴望可以把財務領域化成冥王星之旅這類的計畫，因為美國航空暨太空總署工程師可以把結果的精準度控制

---

* 自轉體（如地球）轉動時的一種現象：旋轉體在轉動時，自轉軸也會繞圈圈轉動。

在九九．九九九九八％以內，這一點美妙又欣慰。讓人很欣慰的是，我們很想告訴自己對金錢等人生其他部分有掌控權的故事。

康納曼曾經為這類故事畫出一個發展的路徑：

- 我們在計畫時僅會聚焦在自己想做和做得到的事，忽略其他人的計畫與技能，但他們的決定可能會影響我們的結果。
- 我們解釋過去與預測未來時，聚焦在技能的因果作用，忽略運氣扮演的角色。
- 我們聚焦在自己已知的事，忽略自己不知道的事，這讓我們對自己的信念太有信心。

他描述這如何影響企業：

> 我在幾個場合問新創團隊的創辦人與參與者一個問題：你們努力的成果有多大程度取決於你們對公司的貢獻？這顯然是一個簡單的問題，大家很快就給出答案了，沒有人回答低於八〇％。即使他們不確定自己能否會成功，這些大膽的人都認

定，命運幾乎完全掌握在自己手中。他們當然都錯了：新創企業的命運還取決於競爭者的成就與市場變化，也取決於自身的努力。然而，創業家自然聚焦在他們知道最多的事情，也就是自己的計畫與行動，以及籌資難易度這類最立即的威脅和機會。他們對競爭對手的了解不多，因此自然會想像一個不太會有競爭的未來。

某種程度而言，我們都這樣做。

就像我女兒一樣，這一點也不會困擾我們。

我們不會盲目困惑的四處徘徊。我們必須這樣想，這個世界依據我們剛好知道的事情合理的運作。要是你不這樣想，每天早上連起床都很困難。

但是那個繞著地球盤旋的外星人呢？

那麼單靠自己看到的東西就很有自信知道正在發生什麼事，結果卻完全錯誤的人，是因為他無法知道每個人腦中都在上演什麼故事嗎？

他，就跟我們所有人一樣。

19

觀點匯總

我們已經學到專屬於你的金錢心理學。

恭喜，你還在讀這本書。該是把學到的事情匯總在一起的時候了。

這章會提供一套結論，包括幾個簡短、可行的教訓，足以協助你做出更妥善的財務決策。

首先，讓我告訴你一則預約牙醫看診嚴重出錯的故事。它教導我們一些重要的事，讓我們知道提供其他人理財建議有多危險。

——

一九三一年，克萊倫斯．休斯（Clarence Hughes）去看牙醫。他的整個口腔都在痛。牙醫師先幫他簡單打麻醉減輕疼痛。幾小時後休斯醒來，發現被拔了十六顆牙齒，扁桃腺也被割掉了。

接下來，每一件事都出錯了。一週後，休斯死於手術併發症。

他的妻子控告牙醫師，但不是控訴手術出錯。一九三一年，每個手術都有死亡風險。

她說，休斯本來就不會同意這些手術，如果有人問他，他也不會同意。

這場訴訟在許多法院進行攻防，最後無疾而終。在一九三一年，醫師與病患之間的合意結果並不是非黑即白。其中一處法院總結出一個觀點，認為醫師需要有做出最佳醫療決定的自由：「若非如此，我們就無法享受科學進步。」

在歷史絕大多數時期，醫學的信條是：醫師的職責是醫好病患，但病患怎麼看待醫師的治療計畫卻無關緊要。傑伊．凱茲醫師（DR. Jay Katz）在《醫病之間不能說的祕密》（*The Silent World Between Doctor and Patient*）中描述這種哲學觀：

> 醫師覺得，為了實現目標，他們有義務按照自己的專業，照顧病人的生理與心理需求，無須與病人商討所有必須做成的決定。病人可能也有權利與醫師共同分擔決策的想法，從來不是醫學信條的一部分。

這不是自負或心懷惡意。這個信念來自兩個要點：

一、每一名病患都想被治癒。

二、有一種普遍與正確的做法可以治好他們。

假使你也同意這兩點，無須要求病人同意治療計畫的做法就不讓人訝異了。

但這不是醫學運作的方法。

近五十年來，醫學院微妙的將教學重點從治療疾病轉向治療病患。這種轉變意味著，將各種治療計畫的選項攤開來，讓病患自行決定最好的治療方向。

這個趨勢有一部分是受到病患保護法所驅動，部分則是源於凱茲那本深具影響力的著作，書中主張，病患對於醫學價值的看法大不相同。因此他們的信念應該被納入考量。凱茲寫道：

> 堅稱醫師在從事醫療實務與科學工作時，可以仰賴自己的仁心仁術與能力來判斷什麼是正確做法，這實在是很危險的謬論……事情沒有這麼簡單。醫學是一門複雜的專業，醫師與病患之間的互動同樣也很複雜。

最後這句話很重要：「醫學是一門複雜的專業，醫師與病患之間的互動同樣也很複雜。」

你知道這句話也適用在哪個行業嗎？那就是理財顧問業。

我無法告訴你如何理財，因為我不認識你。

我不知道你想要什麼東西。我不知道你什麼時間會想要哪些東西。我也不知道為什麼你會想要那些東西。

所以我無法告訴你應該如何理財，我不會像克萊倫斯．休斯的牙醫師那樣對待你。但是，顯然醫師和牙醫師並不是毫無用處，他們具備知識，知道治療成功的機率，也明白有些治療方法就是可行，即使病患對哪種治療適合他們有不同的結論。

理財顧問業也一樣。金錢觀有一些放諸四海皆準的真理，但人人對於如何將這些真理套用在自己的理財觀上，卻有著截然不同的結論。

在適當的提醒之後，接下來就來檢視幾個簡短建議，幫助你在理財時做出更妥善的決定。

當事情運作順利時，請盡力找出謙遜之道，當事情出錯了，請盡力找出原諒／同情之道。因為世事總不如表象一樣好或一樣壞。世界很廣大，也很複雜，運氣與風險都呈現出相同的現實情況，也難以辨識。當你在評斷自己與其他人時，請秉持這種心態。對

運氣與風險的強大力量予以重視，你才能擁有更好的機會去聚焦在自己可以實際掌控的事物，你也會有更好的機會去找到正確的榜樣。

少一點自我意識，多一點財富。存錢是「你的自我意識需求」與「你的收入」間的差距，而看不到的資產才是財富。所以，今天壓抑購物的衝動，以便在未來擁有更多東西或更多選項，財富便應運而生。無論賺進多少錢，你都無法創造財富，除非你此時此刻停止享受花錢的樂趣。

使用能讓你一夜好眠的方式理財。這不是在說你應該以賺取最高報酬為目標，或存下一定比例的收入。有些人除非賺到最高報酬，否則無法好眠；有些人則是非得保守投資才能安心休息。每個人都有自己的想法。不過就所有財務決策而言，「這樣做可以讓我一夜好眠嗎？」才是放諸四海皆準的最高指導原則。

如果想成為更出色的投資人，你唯一可以做到最有效果的事情，就是增加你的投資時間。時間是投資裡最強大的力量，會讓小錢日益茁壯，而且把大錯消弭於無形。它無法抵銷運氣與風險，但可以讓結果朝期望的方向推進。

就算很多事情出錯也沒關係。就算有一半的時間做錯，仍然可以發財，因為極小部分的事情會產生極大部分的結果。無論你如何理財，都應該淡定看待許多事情就是會出錯。這就是世界的運作之道。所以在衡量績效時，你應該檢視整體的投資組合，而不是個別投資標的。手上同時有一大堆績效不好的投資標的與幾個績效超好的投資標的也沒關係，而且通常這還是最理想的情況。聚焦個別投資標的來判斷績效優劣，會讓贏家看起來比實際情況還厲害，也會讓輸家看起來比實際情況更令人遺憾。

用錢來拿回時間的掌控權，因為無法掌控自己的時間會嚴重影響幸福感。只要你願意，就能在你想要的時間、與想要的人一起做你想做的事，這是在金融領域裡存在的最高紅利。

變得更良善，而且少點誇耀。沒有人會像你那麼在意你的財產。你可能以為自己想要一輛名車或精美名錶，但是你想要的其實可能是別人的尊重與羨慕。你比較可能透過善良和謙遜來得到別人的尊重與羨慕，而不是用超強馬力與高級鉻鋼。

存錢。存錢就對了。你根本不需要某個特定的理由才能存錢，存錢買車、付頭期款或緊急醫療費用都很好，但為了無法預料或不確定的事情而存錢，才是最好的存錢理由之一。每個人的生活都是一連串的意外事件組成，不為任何特別指定的用途存款，可以讓你有能力消弭人生不可避免會在最糟糕的時刻受到的驚嚇。

確認成功的成本，並準備為此付費。因為天下沒有白吃的午餐。請記住多數財務成本沒有明顯可見的價格標籤，不確定性、質疑和後悔都是金融世界常見的成本，它們往往值得你為此付費。不過你必須視它們為費用，也就是值得掏錢買下某些好東西的價格，而非（你得全力避免的）罰款。

信奉「預留犯錯空間」的觀念。未來可能發生的事，與你想要順利完成、因而預期未來會發生的事，兩者之間的差距能讓你保有耐心，而耐心正是讓複利隨著時間拉長施展魔法的關鍵。預留犯錯空間往往看起來很像是保守的避險做法，但如果能讓你可以一直留在賽局中，就能為你帶來更多回報。

避免極端的財務決策。每個人的目標與欲望都會隨著時間改變，你過去的決策愈極端，隨著事情演變，你可能會更加後悔。

你應該要喜歡風險，因為長期下來會帶來回報。不過你應該要對毀滅性的風險抱持偏執的心態，因為它會阻止你承擔未來的風險，因而無法獲得長期下來的報酬。

確認你正在玩的遊戲，而且確保自己的行動不會被另一種遊戲的玩家影響。

尊重混亂。聰明、有見識、講道理的人在財務領域可能不會有相同的看法，因為每個人都有截然不同的目標和欲望。沒有單一的正確答案，只有最適合自己的答案。

現在，我來告訴你最適合我的答案。

20

我的自白

我的致富心態。

創立第一曼哈頓（First Manhattan）顧問公司的億萬富翁投資人桑迪・高茲曼（Sandy Gottesman），據說在為投資團隊面試應徵者時會提出一個問題：「你持有哪些股票，為什麼？」

這個問題不是在問「你覺得哪幾支股票很便宜？」或「哪個國家的景氣將陷入衰退？」。只要告訴我，你用自己的錢做些什麼。

我喜歡這個問題，因為它凸顯「合理的事」（大家建議你做什麼）與「感覺正確的事」（他們實際上做的事）之間有一道很大的鴻溝。

根據晨星的資料，美國所有共同基金經理人中，有一半的人沒有把錢投資在自己操盤的基金。[69]這可能聽起來很令人震驚，而且可以肯定這項統計揭露出某些表裡不一的狀況。

但是這類事情比你以為的更為常見。二〇一一年，美國南加州大學（University of Southern California）醫學院教授肯・莫瑞（Ken Murray）寫下一篇文章，標題是〈醫師的死亡方式〉(How Doctors Die),顯示醫師為自己選擇的臨終療法和他們推薦給病患的療法有很大的差異。[70]

「(醫師的)死亡方式跟我們不一樣,」他寫道:「不尋常的地方不在於他們想要得到比多數美國人更多的治療,而是他們想要得到的治療如此少。他們終其一生為其他人抵抗死亡,自己在面對相同課題時反倒相當平靜。他們清楚知道接下來會發生什麼事,也明白有什麼選擇,而且他們通常可以得到自己想要的醫療照護。不過他們走得很平靜。」醫師可能會傾盡全力治療癌症病患,可是卻會為自己選擇安寧療護。

別人建議你做的事和他們為自己做的事不同,並非總是壞事,這只不過彰顯出,當你在處理會影響自己與家人的複雜、情緒化議題時,沒有正確答案,沒有普遍真理。只有適合你和你家人的做法,滿足你所有需求,讓你能安心,晚上睡個好覺。

金融和醫學領域中有些基本原則必須遵守,但是我們並不會依據電子表單或教科書來做出重要的財務決定。這些決定會在餐桌上被敲定;通常不會以報酬最大化的目的來考量,而是考量如何讓另一半或兒女失望的機率降到最低。這類的事情很難概括成圖表或公式,而且因人而異。對某個人可行的做法,對另一個人來說可能不管用。

你必須找到適合自己的做法。下面是對我可行的做法。

我們家看待儲蓄的方法

查理．蒙格曾說：「我沒打算致富，我只想要財務獨立。」我們可以撇開致富不看，但是財務獨立永遠是我的財務目標。我沒有興趣追逐最高報酬，或是利用我的資產過最奢華的生活。這兩件事看起來都是大家想讓周遭朋友印象深刻的遊戲，也都隱含風險。我只是想要每天醒來時，知道家人和自己可以隨心所欲做任何事。我們做出的每個財務決策都圍繞著這個目標。

我的雙親在成年後的發展可以分為兩大階段：非常貧困與中等富裕。我的父親四十歲時成為醫師，當時已經有三個小孩。這份醫師薪水並沒有改變他就讀醫學院時養成省吃儉用餵飽三名兒女的節儉心態，他們在人生中最美好的歲月裡，過著量入為出、高儲蓄率的生活。這提供他們一定程度的財務獨立。我的父親是急診室醫師，這是我所能想像到壓力最大的職業之一，需要痛苦的在日班和夜班的生理節奏中切換。二十年後他覺得已經受夠了，於是乾脆辭職，邁向人生下一階段。

這件事如影隨形跟著我。可以在一早醒來隨時準備好根據自己的意願改變正在做的工作，聽起來像是所有財務目標的始祖一般。對我來說，財務獨立並不意味要停止工作，而是意味著只要你想要，就可以在想要的時間，和喜歡的人一起做喜歡的工作。

實現某種程度的財務獨立不用仰賴醫師的收入，主要是要控制自己的期望，量入為出的生活。不論收入有多少，財務獨立都是由你的儲蓄率所驅動，當你的收入超過一定水準，你的儲蓄率就取決於你是否有能力控制你對生活的期望不會失控。

妻子和我在大學時相遇，結婚前幾年開始同居。我們畢業後各自找到一份初階工作，各自拿一份剛入行的薪水，過起穩當的生活。生活方式有很多種，某個人覺得體面的生活方式，對其他人來說可能像是國王或乞丐。不過就我們的收入而言，我們買到自己認為體面的公寓、像樣的車款、合宜的衣著、還不錯的食物。舒服，但和奢華完全搆不到邊。

我從事金融業，我的妻子則從事醫療照護產業，儘管十多年來收入增加，但我們或多或少維持同樣的生活方式，這讓我們的儲蓄率不斷增加。加薪的每一分錢幾乎都直接進到存款裡，也就是進到我們的「財務獨立基金」。現在我們過得相當量入為出，但這是要告訴你，我們決定維持二十多歲時建立起來的生活方式，而不是要談我們的收入有多少。

如果說我們的家庭財務計畫有哪一部分值得驕傲，那就是我們年輕時訂定好生活方式的目標，而且沒有改變過。我們的儲蓄率相當高，但我們很少覺得自己過於節儉，因為我們想要擁有更多的欲望沒有高漲過。我不是說我們沒有欲望，畢竟我們還是很喜歡精美的東西和舒適的生活，我們只是不再把目標拉高。

這種生活方式不是人人適用，只對我們有用，因為我們是站在平等的立場同意這麼做，我們誰也沒有為對方妥協。我們大部分的樂趣來自散步、閱讀、聽 podcast，這些都不太需要花錢，所以我們很少覺得自己錯失什麼。少數幾次在我質疑我們的儲蓄率時，就會想起雙親在高額儲蓄那些年賺到的財務獨立，這很快就讓我回到常軌。財務獨立是我們的首要目標。維持量入為出的生活方式第二個好處就是，避免心理不滿足的跟鄰居比闊。舒適的過著自己負擔得起的生活，而不是想要更多，就能消除現代已開發國家中許多人承受的龐大社會壓力。納西姆．塔雷伯解釋：「真正的成功就是退出一場永無止境的競爭，調整自己的活動，但求心靈平靜。」我喜歡這句話。

我們至今堅守財務獨立的陣營，因此做出一些帳面上看起來沒有道理的事情。我們買房從未申請房貸，這算是我們做過最糟糕的財務決策，卻也是我們做過最棒的資金決策。我們買房時的房貸利率非常低，任何頭腦清楚的財務顧問都會建議我們善用便宜的資金，並把額外的存款投資在股票等更高報酬的資產。不過我們的目標不是要冷酷理性，只想要心安理得。

我從完全擁有自己的房屋得到的財務獨立感受，遠遠超過我拿我們的資產進行槓桿操作，取得便宜房貸，然後投資賺進財務收益。不需要每月付款，感覺比讓長期資產價值達到最大還要更好，它讓我感覺到自己已經財務獨立。

我不會和指出這項決策有缺點、或絕對不會這麼做的人爭辯，我們在帳面上無法爭贏，但這個做法適合我們。我們喜歡這樣，這才是重點。好決策不必然都很理性，有些時候，你就是得在開心與「正確」之間做出選擇。

我們也在資產組合中保持比較高的現金比例，撇除我們的房產價值不計，現金大約占二〇％，這個數字超過多數財務顧問建議的水準。這在帳面上也站不住腳，我不會建議其他人這樣做，因為這只適合我們。

我們這麼做是因為，現金就像財務獨立時所需的氧氣，更重要的是，我們絕對不想被迫賣掉自己擁有的股票。我們想要讓突然面臨龐大開銷、必須將股票變現用來支付的可能性盡可能降至零。或許我們只是承受風險的能力比其他人低。

不過我學到與個人理財有關的每一件事都告訴我，每個人終將面臨意料之外的龐大開銷，誰也逃不過，正因為大家都沒有預期到，所以沒有人特地為這些開銷制定計畫。

少數知道我們詳細財務狀況的人都會問：「你們為了什麼東西存錢？房子？船？新車？」都不是。我只是在為一個突發事件比我們預期更常見的世界儲蓄。不被逼著賣出股票來支付超龐大費用的同時，也意味著我們讓自己的股票用最長的時間複利成長的機率增加。查理．蒙格說得好：「讓複利發威的首要原則就是，沒必要的話，絕對不要打斷它。」

我們家如何看待投資

我一開始的職業是挑選可以投資的股票。當時我們只有幾檔股票，多數是大公司，像是波克夏海瑟威、寶僑家品（Procter & Gamble），也有幾支我覺得價值很高的小型股票。回到二十多歲那段時期，無論何時，我大約都會持有二十五檔股票。

我不太確定我的選股績效如何，有打敗大盤嗎？我不確定。就像多數試著投資的人一樣，我的成績不怎麼樣。無論如何，我已經改變觀點了，現在我持有的每檔投資標的都是低成本的指數基金。

我完全不反對主動式選股策略，無論你是自己操盤，還是把錢交給主動式基金經理人。我想有些人的表現確實會超越市場平均報酬，但真的很難，遠比多數人認為的還難。

假使我必須總結個人的投資觀點，那就是：每一名投資人都應該選擇一套策略，它有最高的機率可以成功實現目標。而且我認為對多數投資人來說，定期定額投入低成本指數基金，長期成功的機率最高。

但這不意味著指數化投資永遠可行、不代表它適合每個人，也不代表積極選股注定一敗塗地。總體而言，這門產業已經變得過度執意選邊站，特別是那些強烈反對主動投資的人士。

打敗市場**應該很困難**，成功機率**應該很低**，若非如此，人人都可以辦到；要是人人都可以辦到，就沒有機會可言。所以，絕大多數想要試著打敗市場的人都沒有成功，應該沒有人會驚訝。（統計數字顯示，截至二〇一九年的十年間，八五％大型主動式經理人並未打敗標準普爾五百指數。）[71]

我認識一些人，他們認為試圖打敗市場是瘋狂的行徑，但他們鼓勵小孩追求難以實現的目標，試圖成為職業運動員。只能說人人各有己見。人生就是在碰運氣，但我們對機率的看法不盡然相同。

多年來，我漸漸認識到：如果我們持續投資低成本指數基金幾十年，讓資金複利成長，就有很高的機率可以實現家庭財務目標。這套觀點有很大一部分來自我們不亂花錢的生活方式。要是你無須冒著試圖超越市場的額外風險就可以達成所有目標，那麼冒險的意義何在？我承擔得起當不成全世界最頂尖的投資人，但受不了成為最糟糕的投資人。每當我一往這個方向想，對我們來說，購買指數基金並持有到底的選擇就是一件理所當然的事。我知道不是人人都會同意這套邏輯，特別是我有些朋友的職責就是要打敗市場。我尊重他們的工作。不過這種方式對我們才可行。

我們將每一筆薪水投入這些集結美國股票與國際股票的指數型基金。我們沒有訂定目標，反正就是把花剩下的錢拿去投資。我們在同樣的基金裡讓退休帳戶的金額達到最大，也將錢存入為兒女開立的五二九大學儲蓄帳戶（529 College Savings Plan）。

大致就是這樣。實際上，我們所有的淨資產就只有一間房、一個支票帳戶和一些先鋒指數基金。

對我們來說，不需要搞得比這些做法更複雜。我喜歡保持簡單。我根深柢固的投資信念就是，為投資付出的心血與投資結果幾乎毫不相關。理由在於，這個世界是由長尾所驅動，也就是極少變數會產出極大部分的結果。無論你多麼努力嘗試投資，只要你錯失兩、三件實質影響投資策略的事情，結果就不會太好。反之亦然。簡單的投資策略只要捉住幾件攸關策略成功的關鍵，就能發揮很好的作用。我的投資策略不仰賴挑選正確產業，或掌握下一場經濟衰退的時機，而是高儲蓄率、耐心與認定全球經濟將在未來幾十年創造價值的樂觀心態。我幾乎窮盡所有投資心力思考這三件事，特別是我可以自己掌控的前兩件事。

我改變過去的投資策略，所以當然未來也有可能會繼續改變。

但無論我們如何儲蓄或投資，我很確定我們永遠都以財務獨立為目標，也永遠都會盡一切努力讓晚上可以睡好覺。

我們認為這是終極目標：熟悉致富心態。

但是人人各有己見，沒有人真的是瘋子。

後記

美國消費者的理財簡史

如果想了解現代消費者的心理，並掌握他們下一步的動向，就得先知道他們怎麼走到這個地步。

我們又是怎麼走到這個地步。

倘若你在一九四五年沉睡，醒來已經是二〇二〇年，你會完全不認得周遭的世界。在這段時間創下的經濟成長幅度幾乎前所未見。如果看看紐約市與舊金山市的財富水準，你會很震驚；拿來與貧窮的底特律比較，你也會很震驚；如果看看房價、大學學費與醫療照護費用，你也會很震驚；要是看到一般美國人整體而言如何看待存款與花費，你會很震驚；而且如果你試著用一套合理的論述來思考這一切發生的事情，我猜你會錯得離譜，因為這並不合乎直覺，而且無法預見。

第二次世界大戰結束以來在美國發生的事情，就是美國消費者的故事，這個故事有助於解釋美國人為何會以現在的方式來理財。

簡易版的故事是這樣：世事變化多端，所以他們一下過得很好，一下又過得不好，接著真的過得很好，後來又過得很不好，然後就到了我們現在這個世界。我認為，有一套論述可以串聯起所有事件，這不算是詳細的說明，只不過是把所有事件拼湊起來的故事。

由於這是把所有重大事件聯繫起來的一種嘗試，因此省略這段期間發生的很多細節。任何人指出我有遺漏的重點，我很可能都會同意，但我的目標不是描述每一段故事情節，而是檢視其中一個事件如何影響下一個事件。

以下就是現代消費者的養成之路。

一、一九四五年八月，第二次世界大戰結束。

《紐約時報》寫著，日本投降是「美國史上最幸福的一天」。

但有句話這麼說：「歷史只不過是一件又一件的爛事不斷發生。」

戰爭結束的喜悅很快就碰到一個問題：「接下來會怎麼樣？」

一千六百萬名美國人參與這場戰爭，占總人口一一％。戰爭結束時約有八百萬人滯留海外，他們的平均年齡是二十三歲。十八個月內約有六百五十萬人返鄉卸下軍職。

然後會怎樣？

他們接下來要做什麼？

他們該到哪裡工作？

他們要住在哪裡？

這些都是當時最重要的問題，原因有兩個：一、沒人知道答案是什麼；二、要是無法迅速解決這些問題，那麼在許多經濟學家眼中，最可能的情況就是經濟會重新墜入經濟大蕭條的深淵。

第二次世界大戰期間有三股勢力成形：

一、在所有產能幾乎都被移去生產戰爭物資的情況下，住房建設喊停。一九四三年，每個月新建房屋不到一萬兩千幢，相當於每一座美國城市不到一幢。返家的士兵面臨嚴重的住房短缺問題。

二、二戰期間建造船舶、坦克與飛機所創造出來的特定職缺，到了戰後突然變成不必要的工作，喊停的速度與規模，連在民營企業都很罕見。誰也不清楚這些士兵可以在哪裡工作。

三、戰爭期間與剛結束時的結婚率飆高，士兵們不想回父母家的地下室住。他們想要馬上建立家庭、住在自己家裡，做一份好工作。

這些都讓決策者憂心不已，特別是因為經濟大蕭條還是不久前的記憶，五年前才剛結束。

一九四六年，經濟顧問委員會（Council of Economic Advisers）交給總統杜魯門（Harry S. Truman）一份報告，警告「未來一至四年的某個時刻將爆發全面性經濟蕭條」。

他們在一九四七年另一份備忘錄中總結與杜魯門的會議內容：

> 我們可能處於某種經濟衰退期，我們務必要非常確定，衰退力道是否可能有失控的危險……有個重大前景我們不該忽視，那就是進一步的衰退可能會使情況加劇，增加陷入經濟蕭條狀態的危機。

由於歐洲與日本這兩個全球最大經濟體還在廢墟中處理人道主義危機，美國不可能立即仰賴出口來刺激經濟成長，這項事實加深他們的恐懼。再加上美國舉債額度前所未見，限制政府推出直接的刺激方案。

於是我們做了幾件事。

二、低利率，並刻意孕育美國消費者。

我們為了保持戰後經濟穩定所做的第一件事，就是將利率維持在低檔。這不是一個簡單的決定，因為當士兵回到萬物短缺的家園，從衣服到車子都供不應求，短期內就會刺激通貨膨脹變成兩位數。

一九五一年之前，聯準會還不是政治上獨立的機構，[72]總統可以和聯準會協調政策。一九四二年，聯準會宣布將短期利率保持在〇・三八％，協助戰時的融資需求。接下來七年，利率沒有提高任何一個基點*，直到一九五〇年代中期，三個月公債殖利率都維持在二％以下。

維持低利率的確切原因是，美國在戰爭上花費相當於六兆美元，因此要讓融資成本維持在較低的水準。

但是低利率也對所有返鄉的退伍軍人產生影響，它讓貸款買房子、車子、各種新發明與新玩意變得真的很便宜。

從戒慎恐懼的決策者角度來看，這種做法很管用。第二次世界大戰後幾年內，消費變成一種明確的經濟策略。

一個鼓勵節儉與儲蓄來募集戰爭資金的年代，很快就變成積極提倡花費的年代。普林斯頓大學（Princeton University）歷史學家薛爾頓・蓋朗（Sheldon Garon）寫道：

> 一九四五年後，美國人再次背離歐洲與東亞的儲蓄模式……政客、商人與勞工領袖全都鼓勵美國人花錢刺激經濟成長。73

兩件事加速這場運動。

一個是「軍人權利法案」（GI Bill），提供前所未見的房貸機會。一千六百萬名退伍軍人往往不用出半毛頭期款，就可以用首年零利率來買房，再加上超低固定利率，讓

＊ 一個基點等於〇・〇一%。

每月房貸金額可能低於租金費用。

第二是政府鬆綁大蕭條時代的法規，使得消費信貸爆發。第一張信用卡是在一九五〇年推出，門市抵用金（store credit）*、分期信貸、個人貸款、發薪日貸款（payday loan）等一一出現，而且當時包括信用卡在內的所有債務利息都可以抵稅。

真是美味，所以我們吃下太多債務。下面這個簡單的表（見附表1）說明一則簡單故事。

一九五〇年代，家庭債務總額的成長速度，比二〇〇〇年代債務激增時期快一．五倍。

三、信貸榮景及一九三〇年代的隱形生產力熱潮，將壓抑的購物需求引爆，創造經濟繁榮。

一九三〇年代是美國史上經濟最艱困的十年，但也有我們花了二十年才注意到的一絲希望：經濟大蕭條不可避免的激發出許多構想、生產力與創新。

附表1　美國家庭債務總額

年	美國家庭債務總額
1945	294 億美元
1955	1,257 億美元
1965	3,312 億美元

我們沒有特別關注一九三〇年代的生產力熱潮，因為人人都聚焦在經濟狀況究竟有多糟。我們也沒有關注一九四〇年代的生產力熱潮，因為人人都緊盯戰事。然後一九五〇年代來了，我們突然明白：「哇，我們有一些厲害的新發明，我們真的很擅長發明。」

電器、汽車、電話、空調與電力。

在戰爭期間，購買許多家用品幾乎是不可能的事，因為工廠全被徵召來生產槍支和船艦，結果創造戰後退伍軍人壓抑已久的購物需求。他們結婚、急著想要回到正常生活，全新低廉的消費信貸讓他們大膽投入美國前所未見的購物潮。

費德烈．路易士．艾倫在《大改變》（*The Big Change*）寫道：

> 戰後這幾年，農夫買下全新的曳引機、玉米採收機與電動擠奶機。事實上，他與鄰居組織一支農業機械團隊，共同使用這些機械。農夫的妻子得到經濟大蕭條期間渴求卻不可得的潔白晶亮電冰箱，以及新型洗衣機和冷凍櫃。郊區家庭安裝洗碗

＊指消費者退貨時，店家提供的消費額度，可在店內消費使用，但不退還現金。

機，投資電動刈草機；城市家庭成為自助洗衣店的顧客，而且買台電視放在客廳裡。先生的辦公室裝了空調。諸如此類的改變列不完。

這股浪潮之大，再怎麼誇大也不為過。一九四二年至一九四五年，商用汽車與卡車幾乎停產；但在戰後的一九四五年至一九四九年卻賣出兩千一百萬輛；到了一九五五年，則再賣出三千七百萬輛。一九四〇年至一九四五年，新建房屋不到兩百萬幢；但一九四五年至一九五〇年卻新建七百萬幢；到了一九五五年，又多新建八百萬幢。

壓抑已久的購物需求，加上我們新發現的製造能力，創造返鄉軍人重返職場的工作，這些也都是好工作。這些改變與消費者信貸結合後，美國人的花錢能力大爆發。一九五一年，聯準會寫信給杜魯門總統：「截至一九五〇年，計入住宅建設的消費者總體支出大約是兩千零三十億美元，大致比一九四四年的水準高出四〇%。」[74]「美國士兵戰後該做什麼？」這個問題的答案現在呼之欲出，他們打算拿自己製造新東西所賺來的薪水購物，低利借來的資金還幫助他們買更多東西。

四、收入均分的程度前所未見。

一九五〇年代經濟學的明確特徵是，美國因為讓窮人不那麼窮而富裕起來。一九四〇年至一九四八年，平均薪資成長一倍，到了一九六三年再翻一倍。所有收入都集中在過去幾十年來落後的族群。貧富差距縮小的幅度非常大。一九五五年，路易士・艾倫寫道：

有錢人在經濟競賽中遙遙領先的程度已經大幅降低。製造業工人族群表現最出色，像是鋼鐵工人家庭過去的收入是兩千五白美元，現在提升至四千五百美元；技能熟練的機床操作工家庭過去賺三千美元，現在一年卻可花費五千五百美元以上。

至於真正的有錢和富有家庭等收入在前百分之一的族群，我們可以粗略的以收入一萬六千美元以上來歸類，在一九四五年時，他們的稅後收入占全國整體收入的占比已經從一三％下降至七％。

這不是短期趨勢。一九五〇年至一九八〇年，實質收入位居底層二〇%的勞工族群薪資，增加的幅度幾乎與收入最高五%的族群相同。

這種平等不只發生在薪資上。

此外，女性外出工作的情況也創下歷史新高。她們的勞動參與率從戰後的三一%上升到一九五五年的三七%，而且在一九六五年達到四〇%。

少數族群也獲得好處。一九四五年美國總統就職典禮結束後，第一夫人艾蓮娜・羅斯福（Eleanor Roosevelt）寫下一篇文章，轉述非裔美國記者告訴她的話：

> 妳知道這十二年間創造出什麼成就嗎？如果一九三三年的就職宴會像今天這樣，有色人種穿梭會場融入人群中，全國每一家報紙都會報導。但現在我們根本不覺得這是新聞，甚至連提都不會提。

當年婦女和少數族群的權利與今日相比仍然很少，但一九四〇年代末與一九五〇年代實現平等的進步堪稱卓越。

消除階級，意味著生活方式也趨於一致。一般人駕駛雪佛蘭，有錢人則開著凱迪拉克（Cadillac）；電視與廣播讓人不分階級的享受同樣的娛樂與文化；郵購讓無論住在哪裡的人都可以穿同樣的衣服，購買同樣的物品。一九五七年，《哈潑雜誌》（*Harper's Magazine*）指出：

> 富人和窮人抽同類型的香菸、使用同類型的刮鬍刀、同類型的電話、吸塵器、收音機和電視機，家裡裝著同類型的照明與暖氣設備，諸如此類。這兩種階級開的車差別不大，本質上它們配有相似的引擎、相似的內裝配件。但在二十世紀初，汽車是有階級制度的。

二〇一六年，保羅．葛拉漢（Paul Graham）寫道，就連全國只有三家電視台如此簡單的事，也對文化平等發揮作用：

> 現在很難想像，每晚幾千萬戶家庭都在同個時間一起坐在電視機前，和鄰居看著同一個節目。現在要到美式足球超級盃（Super Bowl）賽事期間才會發生的事，以前卻是夜夜如此。以前我們可以說是全民同步。[75]

這一點很重要。人人都會與同儕比較幸福感。一九四五年至一九八〇年的多數時間裡，人人都有很多可以和同儕比較的東西。許多人過得和周遭的人一樣，或至少是可以理解的生活。人人生活平等，收入也平等的觀念是這個故事的重點，我們稍後還會回頭說明。

五、債務急劇上升，但收入也是，所以影響不大。

一九四七年至一九五七年，家庭債務增加五倍，全拜全新的消費文化、全新的貸款產品，以及政府政策補貼、並由聯準會持續壓低的利率集結起來所賜。

但是同一段期間的收入成長如此強勁，因此債務增加對家庭的影響不算嚴重。戰後初期家庭債務水準還非常低。經濟大蕭條將債務一掃而空，加上戰爭期間家庭支出被嚴重削減，債務累積受到限制。因此，一九四七年至一九五七年，家庭負債對收入的成長幅度依然可以應付。

至今，家庭負債對收入比略微超過一〇〇%；但在一九五〇年代、一九六〇年代和一九七〇年代，儘管這個數字也在增加，卻可以維持在六〇%以下。

驅動這股債務熱潮的主要動力是擁有住宅的情況激增。一九〇〇年，住宅自有率（homeownership rate）為四七%，之後大約四十年間一直維持這個水準。然後，數字開始上升，一九四五年升至五三%、一九七〇年到達六二%。這些屋主中有很大一部分現在都會動用房貸，這是前幾個世代不會、也不可能使用的產品。他們多數人都覺得這樣無妨。

大衛．哈伯斯坦（David Halberstam）在《一九五〇年代》（*The Fifties*）中這樣寫：

> 他們對自己與未來充滿信心，這令成長在艱困時代的人感到震撼。他們不像父母輩一樣害怕債務……他們和父母輩的差異不僅在於他們賺了多少錢，以及擁有什麼，而在於他們相信未來已經到來。他們身為家族中第一代有房階級，購買家具或電器用品時，他們會帶著一股全新的興奮與自豪感進入店裡；其他時候，當年輕夫婦在為第一個小孩購買新衣時，可能會表現出相同的感覺。彷彿擁有房子的成就本身就是一個重大突破，沒有什麼東西比買房子更好了。

現在來到把幾件事情串連起來的好時機，因為它們將變得日益重要：

- 美國正在蓬勃發展。
- **伴隨**著經濟前所未見的欣欣向榮。
- 債務伴隨經濟成長，但在當時並不是嚴重的問題，因為相對收入而言，債務數量依舊處於低水位，而且大家廣為接受「負債並不可怕」的文化。

六、事情開始不對勁。

一九七三年很明顯是經濟走上新道路的第一年。

這一年開始的經濟衰退，將失業率推上一九三〇年代以來的最高點。

通貨膨脹激增，但它和戰後數次的高峰不同，一直停在高水位。

一九七三年，短期利率從十年前的二．五％升至八％。

你必須把所有事件放進那個瀰漫恐懼的背景脈絡中，像是越戰、暴動，以及馬丁．路德．金恩、約翰．甘迺迪與巴比．甘迺迪（Bobby Kennedy）兄弟遭到刺殺。情勢嚴峻。

戰後二十年間，美國主導全球經濟，因為當時許多大國的產能全被炸成廢墟；但進入一九七〇年代後情況改變，日本經濟欣欣向榮、中國經濟正對外開放，中東挾著石油向世界展現實力。

幸運的經濟優勢，以及戰後最偉大世代（Greatest Generation）*共享的文化（被經濟大蕭條強化、被戰爭逼迫採取系統性合作）組合起來，在嬰兒潮世代成熟後轉變了。新世代對何謂正常衝擊的看法不同，同時，過去二十年的許多經濟助力也一一告終。

金融領域中，每一件事都是**在預期範圍內**的數據。上個世紀的最大轉變發生在經濟風潮開始吹往不同、不穩定的方向，但是人們的預期依舊根植於戰後的平等文化。人們不一定是要追求收入平等，雖然這方面的確有關係，而是追求生活方式與消費預期水準相當，像是某人的收入在第五十百分比，他過的生活不應該和收入在第八十百分比或第九十百分比的人有懸殊的差距；儘管收入在第九十九百分比的人過著更好的生活，但依然是收入在第五十百分比的人可以理解的生活。這就是一九四五年至一九八〇年多數時候美國的運作之道。無論你認為這是不是道德正確並不重要，重要的是它已經發生了。

* 指嬰兒潮世代。

預期總是跑得比實際情況慢。一九七〇年代初期至二〇〇〇年代初期的經濟實際上還在持續成長，但是變得比較不平衡，而人們對於自己的生活方式應該比得上同儕的期望卻從未改變。

七、經濟榮景恢復，但是和以前不一樣。

羅納．雷根（Ronald Reagan）在一九八四年的廣告〈美國早晨〉（Morning in America）中宣布：

> 美國又迎來曙光。今天，進入職場的男女比我們國家歷史上任何時期還多。由於利率只有一九八〇年創紀錄高點的一半，有兩千個家庭會買新房，比過去四年的任何時期還多。今天下午將有六千五百名新人完婚，而且由於通貨膨脹率不到四年前的一半，他們可以充滿信心的展望未來。

這種說法並不誇張。當時的經濟成長達到一九五〇年代以來最高點；一九八九年，美國的失業人數比七年前少六百萬人；一九八二年至一九九〇年，標準普爾五百指數翻揚幾乎四倍。一九九〇年代整體實質經濟成長率幾乎與一九五〇年代相當，分別為四〇%和四二%。

美國總統柯林頓（Bill Clinton）在二〇〇〇年的國情咨文中誇口說道：

> 新世紀剛開始，我們就有超過兩千萬個新工作、三十多年來經濟成長最快、三十年來失業率最低、二十年來貧困率最低、非裔與西班牙裔美國人的失業率史上最低、四十二年來第一次出現連續的財政盈餘，而且在下個月，美國會實現有史以來最長時間的經濟成長期。我們打造出一個全新的經濟體。

最後這句話很重要，這是一個**全新的**經濟體。一九四五年至一九七三年間的經濟與一九八二年至二〇〇〇年間的經濟最大不同在於，經濟成長的規模相同，但成長的果實最終流入截然不同的口袋。

或許你早已聽過這些數字，但值得在此重複提及。《大西洋》雜誌寫道：

> 一九九三年至二〇一二年，頂端一%族群的收入成長八六．一%，但是底層九

九％族群僅成長六．六％。

二〇一一年，約瑟夫．史迪格里茲（Joseph Stiglitz）說：

近十年來，頂端一％族群收入上升一八％，中產階層的收入實際上卻在下降；對只有高中文憑的男性來說，收入下降尤其明顯，單單是過去二十五年就少了一二％。

這與戰後的收入差距縮減幾乎相反。

這種現象為何發生？這是經濟學最棘手的辯論之一，僅次於辯論我們該怎麼做。所幸，這兩個問題在我們的討論中都無關緊要。

重要的是，近三十五年來，急劇不平等已經形成一股力量，文化上來說，它根植於美國人在第二次世界大戰後經濟發展時期抱持的兩個觀念：你應該度過一種與其他多數美國人類似的生活，而且可以接受以舉債來為這種生活提供資金。

八、越級消費。

一小群美國人的收入上升，讓他們脫離原來的生活方式。

他們買下更大的房子、更好的汽車、就讀昂貴的學校，而且享受奢華的假期。

而且其他人都在看，加上一九八〇年代與一九九〇年代廣告業與之後的網際網路火上加油。

少數合法致富的美國人，他們的生活方式激勵多數收入沒有增加的美國人。

一九五〇年代至一九七〇年代出現的平等、團結文化，不知不覺演變成「和鄰居比闊」效應。

現在你看到問題了。

喬（Joe）是年薪九十萬美元的投資銀行家，買下占地超過一百一十坪的豪宅、兩輛賓士（Mercedes）轎車，還送三個小孩去念加州的佩柏戴恩大學（Pepperdine University），他能夠負擔這些費用。

彼得（Peter）是年薪八萬美元的銀行分行經理，看著喬，他的潛意識也升起有權利過類似生活的感覺，因為他的雙親相信並灌輸他，就算職業不同，生活方式也不會差

附圖 1　美國新建房屋平方英尺中位數

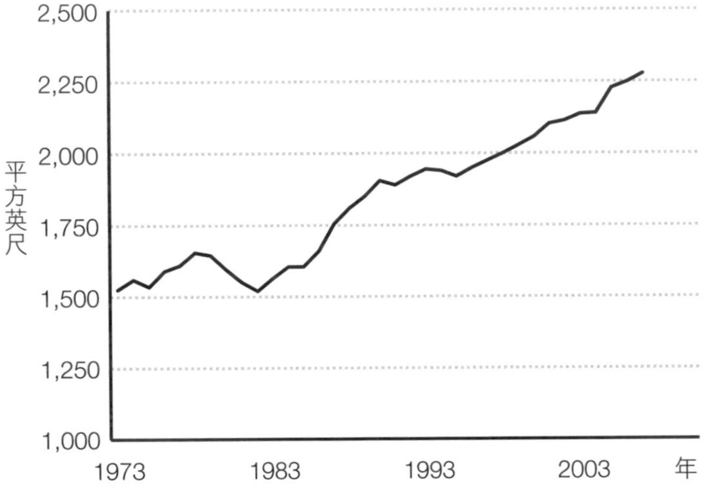

平方英尺
2,500
2,250
2,000
1,750
1,500
1,250
1,000
1973　1983　1993　2003　年

很多的觀念。在他雙親的時代，這種心態是正確的，因為收入分配差距不大，但那是當年，現在彼得生活在截然不同的世界，但他的期望仍與雙親差不多，即使情況已經改變。

所以彼得會怎麼做？

他申請一筆高額房貸，還有四萬五千美元的卡債。他租下兩輛車，他的小孩會扛著沉重學貸畢業。他負擔不起喬的花錢方法，但他用盡全力過相同的生活方式。這可以說是越級消費。

對一九三〇年代的人來說，這看起來很荒謬，但是戰爭結束後的七十五年裡，我們一直在培養一種接受家庭債務的文化。

在薪資中位數持平的時期，美國新建房屋面積中位數成長五〇%（見附圖1）。現在，平均美國新建房屋內建的衛浴設備數量超過居住人數，幾乎有一半的房子擁有四間以上的臥室，遠高於一九八三年的一八%。

一九七五年至二〇〇三年，平均車貸扣除通膨因素後上升超過一倍，從一萬兩千三百美元增至兩萬七千九百美元。

你也知道大學學費和學貸發生什麼事。

一九六三年至一九七三年，家庭負債對收入比大致持平，之後就往上爬升、一路往上爬、不斷提高，從一九七三年大約六〇%，爬到二〇〇七年的一三〇%以上。

即使利率從一九八〇年代初一路暴跌至二〇二〇年，當收入中用於償債的比例依舊上升，而且多半發生在低收入族群。就收入最高的族群而言，收入用於支付債務與租金款項的比例只稍微超過八%，但就收入在第五十百分比中位數以下的族群而言，這個數字卻超過二一%。

這次不斷攀升的債務和一九五〇、一九六〇年代債務增加的差別在於，最近這次跳升是從高基期開始。

經濟學家海曼・明斯基（Hyman Minsky）描述債務危機如何開始：從人們開始承

擔超過自己能夠負擔的債務那一刻起算。那是可怕、痛苦的時刻。就像威利狼（Wile E. Coyote）*衝過頭往下俯視，才發現完蛋了，瞬間自由落體下墜。

當然，這就是二〇〇八年發生的事情。

九、一旦典範確立，就很難顛覆。

二〇〇八年後，大量債務被削除，接著是利率暴跌。如今，家庭債務支出占收入的比例是三十五年來最低水位。

但是，我們對二〇〇八年的回應，必然無可避免的持續影響某些趨勢，使我們陷入今日的處境。

量化寬鬆防止經濟崩潰，推升資產價格，對擁有資產的人來說是福音，這些人大多是有錢人。

二〇〇八年，聯準會支持公司債，救了擁有這些債務的人，而這些人大多數也是有錢人。

近二十年來的減稅措施主要讓高收入族群受惠，他們送兒女去念最頂尖的大學，兒女畢業後又能繼續賺更多收入，投資聯準會支持的公司債，並擁有各種政府政策支持的股票，諸如此類。

這些事情本身都不是問題，這正是為何它們還持續存在的原因。

不過它們是一九八〇年代初期以來一個更大問題的徵兆：經濟運作對某一些人有利，卻不利其他人。成功不再像以前一樣是精英專屬的成果，而且一旦獲得成功，獲得的報酬遠高於過往。

你不必思考這樣在道德上是否正確。

而且再次重申，在這則故事中為什麼會發生這種事並不重要。

重要的是，**事情的確發生了**，還導致經濟發展和戰後人們設定的期望產生出入：廣大的中產階級不會受到系統性的不平等待遇，從你家隔壁的鄰居，到門前馬路延伸下去幾公里內的人家，都和你們過著差不多的生活方式。

這種期望在偏離現實後還能持續存在三十五年，部分原因在於，以前它們還有效存在時，許多人很喜歡這種感覺。當某件事感覺很美好，或至少有一種美好印象時，人們

---

* 美國卡通裡的惡棍角色，常會為了追逐主角嗶嗶鳥（The Road Runner）衝過頭，然後發現已經衝出懸崖，掉了下去。

就很難放手。

因此，人們一直不願放手，他們想要把它找回來。

十、茶黨、占領華爾街、英國脫歐和唐納．川普，都各自代表一支大喊著「停下來，我要下車」的團體。

他們高喊的細節各不相同，但全都在吶喊，至少部分原因是他們覺得，順著戰後的發展脈絡形成的期望，應該會對每個人產生相似的作用，但其實不是這麼一回事。

你大可嘲笑單單把川普崛起與收入不平等情況連在一起的說法。而且你應該這麼做。這些事件永遠都比表面看起來更為複雜，不過它是關鍵環節，驅動人們這樣想：「我不是住在自己預期的世界裡。它把我惹毛了。所以去它的！去你的！我要挺身為完全不同的目標奮鬥，因為不管它是什麼狀況，現在這樣就是行不通。」

如果採取這種心態，加上臉書、Instagram與有線電視新聞網等平台的力量崛起下，人們都比以往更敏銳意識到其他人怎麼生活。這是在火上加油。班尼迪克．艾文斯（Benedict Evans）說：「網際網路提供人們更多新觀點，人們知道不同觀點存在就愈容易火大。」與戰後的經濟相比，這是很大的轉變，當時的經濟觀點範圍比較小，因為實際結果的範圍較小，而且當時也不容易看到、學到其他人怎麼想、怎麼生活。

我不悲觀。經濟學就是週期循環的故事，世事總是來來去去。

現在的失業率跌至幾十年來最低，而且低薪勞工薪資的成長幅度確實比有錢人還快。[76] 一旦將補助金納入考量，大學學費基本上是停止成長。[77] 要是每個人都研究輝煌的一九五〇年代以來醫療照護、通訊、交通和公民權利方面的進展，我猜多數人不會想回到從前。

但是這則故事的中心主旨在於，期望改變的速度遠比實際情況還要慢。人們緊抓住一九五〇年代的期望不放，然而接下來三十五年的經濟卻發生變化，這是事實。今天，即使中產階級開始富裕，除了頂層階級外，形勢對每個人不利的預測可能會持續下去。

因此，「這樣做行不通」的時代可能會持續下去。

「我們現在就需要一些全新的做法，不管什麼都好」的時代也可能會持續下去。

某種意義來說，這就是導致第二次世界大戰等事件的部分原因，也是這則故事的開始。

歷史只不過是一件又一件的爛事不斷發生。

彩蛋加碼

說不完的故事

約翰・洛克菲勒是全世界已知最富有的人。美國政府曾經制定一條稅法，好讓最高級距的稅率只適用他一個人。要知道自己有沒有成功，用這種方式就知道了。

洛克菲勒買得起全世界生產的任何東西，不過，有趣的是他在世時全世界還沒有生產的東西。

洛克菲勒死於一九三七年，從來沒吃過安舒疼（Advil）這種止痛藥。他從來沒有體會過防曬乳的好處，因為在他去世那一年，這項產品才問世。當時甚至沒有人幻想過可以搭飛機旅行。他成年後的大半人生都沒有用過電燈、空調或太陽眼鏡。

沒有太陽眼鏡！沒想到吧。

歷史是關於改變、適應、進步和破壞舊觀念的故事。

大多數的領域都有所謂的鐵律，這是指少數絕對不變的規則，但是我們生活在變化萬端的世界，以至於我們的信念與策略也必須跟著改變。

讓我解釋一下，這一點如何適用在投資領域。

關於投資，我們已知最基本的真理可以歸納為現金流折現模型（discounted cash flow model），這是指一支股票今天的價值，等於經過通貨膨脹、風險和貨幣的時間價值折現後的未來現金流量總和。

金融財務課程傳授的所有內容幾乎都繞著這一項簡單的真理打轉。

我們可以回頭看看發想出現金流折現的人，他的名字是約翰・伯爾・威廉斯（John Burr Williams）。

當時威廉斯還在哈佛大學念書，在畢業論文中提出一種評估股票價值的適當方法，那就是將一家企業未來的股利折現回今日的價值，然後加總起來。在當時這道構想看起來很大膽，但是威廉斯的指導教授看出他好像發覺一點端倪。哈佛教師鼓勵這道構想，並預想出一個評估股票價值更像是科學技術、而非投機手段的世界。

讓我們看到如何以理性、有序的方式思考投資的是伯爾，而不是班傑明・葛拉漢或華倫・巴菲特。

最吸睛的一點是，威廉斯在一九三八年發表他的哈佛畢業論文。

洛克菲勒根本沒有機會聽說這件事。

世界在改變。

不僅僅是我們周遭的現況變了，我們用來詮釋那些現況並做出決定的理論也變了。

就這個意義來說，投資可以說是一則說不完的故事，因為它持續被更新。很少有事情一成不變，無論是我們樂觀看好的產業，或是我們仰賴的理論，都是如此。

來套用一個我們絕大多數的人都很熟悉的比喻。想想病毒好了。

注射一輪小兒麻痺疫苗就能讓你終身免疫。但是流感疫苗每年都要打一次。

為什麼？

因為小兒麻痺病毒沒有什麼變化，或至少是我們的免疫系統認得的那部分病毒沒有變化。我們的免疫系統只要和小兒麻痺交手一次就一輩子記住它。流感不一樣。它總是在適應，還會改變得看起來和之前不一樣。我們需要每年打一劑疫苗是因為，今年的病毒長相已經和去年我們的免疫系統學會要攻擊的目標不一樣。

我的意思是：要是我們看待投資可以像應對小兒麻痺一樣，那就太好了。但投資實際上比較像流感。我們想要相信投資就像小兒麻痺一樣，一旦我們找到解方，好比一項投資技術、一套公式、一種模式，我們就期望它一輩子管用。

但解方很少會終身有效。

市場總是在適應，並蛻變得看起來和以前不一樣。就像流感一樣。要是我們期待投資解方行得通，就需要更新並修正這些策略，以便跟上市場變化。

就以股利為例。股利被視為長期投資報酬的基石，約翰・伯爾・威廉斯用它來形塑折現現金流理論。不過這麼多年來，投資人對股利的看法早已大幅改變。

一九七三年，班傑明・葛拉漢提到將股利作為企業健康訊號的看法如何隨著時間改變。他寫道：

> 多年前，通常體質孱弱的企業或多或少會被迫保留利潤，而不是派發一般占獲利六〇%至七五%的股利。這樣的影響幾乎總是對股票的市場價格不利。如今，反而是一家強大的成長型企業很可能會刻意壓低股利支付的金額。

多年來，這種現象變得日益普遍。亞馬遜（Amazon）、Google和臉書（Facebook）

等幾家全世界最有錢的企業都沒有支付股利，這是在一百年前無法想像的事。

不然來看看投資人關注的價值評估指標好了。羅伯特・海格斯壯（Robert Hagstrom）在《操盤快思X投資慢想》（*Investing*）中闡述曾經有用、但是終究消亡的策略：

> 一九三〇年代和一九四〇年代，折現為具體帳面價值（discount-to-hard-book-value）策略是主流。第二次世界大戰結束後到一九五〇年代，主導金融界的第二種主流策略是股利模式。到了一九六〇年代，投資人將標的從支付高股利的股票換成預期盈餘會增加的公司。到了一九八〇年代換成第四種策略接管，投資人開始偏愛現金流模型，而非盈餘模型。今天，看起來第五種策略正在崛起，那就是投入資本的現金報酬率。

海格斯壯繼續說：「如果你還在採用折現為具體帳面價值模型，或是依賴股利模型來告訴你股市何時被高估或低估，那很可能連平均水準的投資報酬率都享受不到。」

世事多變。投資人進化了。

就在一九七六年班傑明・葛拉漢去世之前，葛拉漢被問道，他靠著詳盡的個股分析揚名立萬，現在還相信不相信這套策略，他回答：

整體而言，不相信。我不再主張用複雜的分析技術來尋求卓越價值的投資機會。四十年前我們的書首度出版時，這是可以帶來報酬的行動；但從那時起，時空條件已經有很大的改變了。

時空條件已經有很大的改變了！那時是一九七六年。想像一下，從那時至今，有什麼變化是葛拉漢可能從來不曾想過。

標準普爾五百指數直到一九七六年才納入金融股；今日，金融股占一〇%。五十年前，科技股幾乎不存在；今日，科技股占比高達二五%以上。會計規則會隨著時間改變，資訊揭露、審計規範和市場流動性亦然。

再不然，想想經濟發生多大變化。

對比今日和四十年前中國對全球經濟的影響力。

對比印度的影響力！堪稱黑夜比白晝。

世事多變。總是瞬息萬變。

那麼，問題是，我們這些投資人可以怎麼做？

只擅長幾件事、只關注一些變數，或是只仰賴片段資訊已經不夠。投資需要擅長很多事情，因為在任何時刻取得成功所需的技能，每一年、每一世代與每一地區都在改變，同時也會因地制宜。

讓我舉個具體例子，這幾年來，這個例子讓許多專業投資人很錯愕。諾貝爾經濟學獎得主羅伯・席勒（Robert Shiller）開發一種評估股市價值的方法，稱為週期調整本益比（cyclically adjusted price-to-earnings ratio，簡稱 CAPE），它衡量股市市值相對於股市經通膨調整後十年平均獲利。設計初衷是用一種排除景氣週期變化的方式來檢視股市的預估價值，主要著眼於企業長期的獲利，而非僅看前一年的企業獲利數字。

更棒的是，同時身兼歷史學家的席勒還蒐集一八七一年以來週期調整本益比的數據，所以這是一套時間夠久的資料集，讓我們可以檢視這麼長一段時間以來股市的評價。

一八七一年到二〇一九年，週期調整本益比平均大約十六倍，意思是，美國股市的平均交易價格，是經通膨調整後十年平均獲利的十六倍。

多年來，投資人都拿週期調整本益比十六倍這個數字來判斷股市是否被高估。畢竟席勒是諾貝爾經濟學獎得主啊！而且他還有一百多年的數據在背後支持！

但有些事情不一樣了。

如果你檢視一九九〇年到二〇二一年這段時間，差不多是三十年投資史，其中九五%的時間裡，美國股市的本益比都高過歷史平均週期調整本益比。

九五%！

週期調整本益比曾經是判斷股市預估價值和未來報酬率的好指標，接著莫名其妙就失靈了。

現在，你可以觀察這個結果，然後歸納出結論，實際上，九五%的時間裡，市場都被高估了。或者更合理地說，你可以總結說，套用週期調整本益比可能會犯錯，所以不受歡迎了，充其量這個指標應該只能當作用來評估當前市場狀況的眾多工具之一。

評估市場價值的方法很多：股息殖利率相對債券殖利率、營收成長、預期盈餘預估，以及其他幾十種方法。如果你將所有雞蛋全都放進週期調整本益比，很可能整個

二、三十年都只能坐在一旁枯等。

你得將現金流到股息殖利率等一系列要素納入考量，尤其要考量長期以來全球經濟的變化。

每當我思考世界不斷改變、適應並演化時，總會有三大特質引起我的注意力，我們在努力成為更出色的投資人時可以通盤想一想：

一、多一些預期，少一些預測。

如果我說：「下一場衰退將在二〇二四年開始。」我是在預測。

如果我說：「衰退大約每五至十年會發生一次。」我是在表達一種預期。

兩句話看起來很類似，但非常不同。

「預測」仰賴的是知道何事會在何時發生，但是想知道世界何時會改變實在太難了。

「預期」則是認同事情可能會發生，但不針對究竟何事將會發生，或是它將何時發生提出看法。

預期是比預測健全的做法，因為它提供一個把所有假精確（false precision）刪除後的未來願景。如果你知道一場衰退將在某個時間點發生，一旦它真的來臨，你就不會那麼驚訝，這真是天大的好處。但如果你認為自己確切知道衰退何時會發生，就會受到誘惑，帶著過度自信去做出各種危險的行為。一旦時間一天天過去，你認定將會發生的事情（還）沒有發生，就會覺得很錯愕。

以下是一個有用的預期：假設全世界每十年就會崩潰一、兩次。我不知道它會影響哪些地區，或是在何時、以什麼方式影響哪些人，但是當你預期全世界每隔一陣子就會崩潰，你會為自己無法預見的事件做好準備，當事情發生時，你就不必重寫手中的劇本。你會更偏好建立龐大的緩衝機制和犯錯空間。

當人們問：「你在為什麼做準備？」你會說：「我在為一個經過歷史驗證的世界做準備，在這個世界，成長機器（growth machine）與一連串不可預見的痛苦並存。」這是一個諸事多變的世界。

二、培養一種能力，一旦世界變化，你可以從奢望永遠不變的念頭中脫離，繼續向前進。

傑森．茲威格在《華爾街日報》上說：「堅持正確是保持正確的大敵，因為它讓你忘記世界的運作方式。」

當一個投資構想或理論已經過時，從中脫離並繼續前進是最關鍵的一項投資技巧，但是從茲威格概述的原因來看，這也是最難的一項技巧。背棄過去對你來說很管用的做法極度困難。

我一向熱愛「強信念、弱堅持」（Strong beliefs, weakly held）這套哲學。它是一道概念，你可以堅守一股趨勢或一個特定的想法，但是當它的大好時機過去，也就是一旦你體認到過往某個時間點讓它發揮作用的力量已不復見，你必須願意放手。不過這點說起來很容易，做起來很難。某種趨勢停止發揮作用，通常要事後來看，情況才會變得明顯。不過當證據強烈傾向某個方向，這一點其實就可以辦到。

近年來我有個看法已經改變，這是我最新發現的信念：聯準會在經濟還只是走軟時就願意挹注幾兆美元，這會縮短經濟衰退和空頭市場的持續時間，以及可能的嚴重程度。經濟衰退和空頭市場並不會被消滅，正如我們已在書中討論過，這種事情絕對不會發生。不過，把當今聯準會與景氣興衰的關係，和一九七〇年代兩者之間的關係畫上等號，似乎有點愚蠢。聯準會現在有一套全新的工具，對於在何時與如何使用這套工具也有一套全然不同的新理念。十年前，如果你問我，我會說聯準會不可能從根本改變景氣興衰的動態；但世事多變。所以我也跟著改變。

三、體認到投資不是對金融的研究，而是對眾人用錢行為的研究。

誠如你在先前的章節所見，這項原則是本書的前提。

財務處理得當不僅是關乎投資得當。你必須知道如何穩健賺錢、適量存錢、審慎花錢，還要訂下符合自身性格的適當長期目標。

財務處理得當不僅是關乎數學和數字能力，你還必須了解心理學、社會學、歷史、生物學和政治學。

金融既需要信心，也需要猜疑；既需要冒險精神，也需要保守主義；需要耐性，但不要固執。

很少有領域像金融一樣和每個人都脫不了關係，而且需要對世界有這麼多元的理解。你不必十分擅長某一件事，你需要的只是具備足夠的能耐處理許多不同的事。

金融所需的多元知識，就是為瞬息萬變的世界做好準備的最佳方式。如果你透過金融教科書的單一視角觀察金融世界，就會過於執著某些僵化的想法和信念。透過好幾種不同領域的角度思考金錢，反而會迫使你看到一個藉由適應、創造性破壞、社會演化以及偏好轉向等方式發展的世界。

這是一個永遠不會保持原貌的世界，也是一則說不完的故事。

致謝

就像所有書籍一樣，《致富心態》一路上若是少了無數人士助我一臂之力，就不可能有付梓之日。我想一一列舉的名字多不勝數，只好在此列出幾位特別鼎力相助的人士：

布萊恩．理查茲（Brian Richards），他是第一個打賭我辦得到的人。

克雷格．夏皮洛（Craig Shapiro），儘管沒有必要，他還是打賭我辦得到。

葛瑞琴．豪瑟（Gretchen Housel），她始終堅定不移的支持我。

珍娜．阿布杜（Jenna Abdou），她提供協助，不求回報。

克雷格．皮爾斯（Craig Pearce），他鼓勵、指導並磨練我。

傑米．凱瑟伍德（Jamie Catherwood）、喬許．布朗、布蘭特．貝修爾（Brent

Beshore）、貝瑞・瑞霍茲（Barry Ritholtz）、班・卡爾森（Ben Carlson）、克里斯・希爾（Chris Hill）、麥克・貝特尼克、詹姆斯・歐松（James Osorne），你們的回饋都非常寶貴。

謝謝你們。

注釋

1 J. Pressler, "Former Merrill Lynch Executive Forced to Declare Bankruptcy Just to Keep a $14 Million Roof Over His Head," *New York magazine* (April 9, 2010).

2 同前注。

3 L. Thomas Jr., "The Tale of the $8 Million 'Bargain' House in Greenwich," *The New York Times* (January 25, 2014).

4 U. Malmendier, S. Nagel, "Depression Babies: Do Macroeconomic Experiences Affect Risk-Taking?" (August 2007).

5 "How large are 401(k)s?" Investment Company Institute (December 2019).

6 R. Butler, "Retirement Pay Often Is Scanty," *The New York Times* (August 14, 1955).

7 "Higher education in the United States," Wikipedia.

8 K. Bancalari, "Private college tuition is rising faster than inflation .... again," *USA Today* (June 9, 2017).

9 "How Many People Die Rock Climbing?" The Rockulus.

10 A. T. Vanderbilt II, *Fortune's Children: The Fall of the House of Vanderbilt* (William Morrow Paperbacks, 2012).

11 D. McDonald, "Rajat Gupta: Touched by scandal," *Fortune* (October 1, 2010).

12 "Did millionaire Rajat Gupta suffer from billionaire envy?" *The Economic Times* (March 27, 2011).

13 J. Nicas, "Facebook Connected Her to a Tattooed Soldier in Iraq. Or So She Thought," *The New York Times* (July 28, 2019).

14 T. Maloney, "The Best-Paid Hedge Fund Managers Made $7.7 Billion in 2018,"*Bloomberg* (February 15, 2019).

15 S. Weart, "The Discovery of Global Warming," history.aip.org/climate/cycles.htm (January 2020).

16 S. Langlois, "From $6,000 to $73 billion: Warren Buffett's wealth through the ages," *MarketWatch* (January 6, 2017).

17 D. Boudreaux, "Turnover in the Forbes 400, 2008–2013," Cafe Hayek (May 16, 2014).

18 M. Pabrai, www.youtube.com/watch?time_continue=200&v=YmmIbrKDYbw.

19 "Art Dealers: The Other Vincent van Gogh," Horizon Research Group (June 2010).

20 www.collaborativefund.com/uploads/venture-returns.png

21 “The Agony and the Ecstasy: The Risks and Rewards of a Concentrated Stock Position,” Eye on the Market, J.P. Morgan (2014).

22 L. Eadicicco, “Here’s Why You Probably Won’t Get Hired At Google,” *Business Insider* (October 23, 2014).

23 “What is the offer acceptance rate for Facebook software engineering positions?” Quora.com.

24 W. Fulton, “If You Want to Build a Great Team, Hire Apple Employees,” *Forbes* (June 22, 2012).

25 J. Berger, “How to Change Anyone’s Mind,” *The Wall Street Journal* (February 21, 2020).

26 D. Sivers, “How I got rich on the other hand,” sivers.org (October 30, 2019).

27 N. Chokshi, “Americans Are Among the Most Stressed People in the World, Poll Finds,” *The New York Times* (April 25, 2019).

28 Russell Sage Foundation—Chartbook of Social Inequality.

29 D. Thompson, “Why White-Collar Workers Spend All Day at the Office,” *The Atlantic* (December 4, 2019).

30 “Rihanna’s ex-accountant fires back,” *News24* (March 24, 2014).

31 B. Mann, "Want to Get Rich and Stay Rich?" The Motley Fool (March 7, 2017).

32 "U.S. energy intensity projected to continue its steady decline through 2040," U.S. Energy Information Administration (March 1, 2013).

33 Julius Wagner-Jauregg—Biographical, nobelprize.org.

34 J. M. Cavaillon, "Good and bad fever," *Critical Care* 16:2 (2012).

35 "Fever—Myths Versus Facts," Seattle Children's.

36 J. J. Ray, and C. I. Schulman, "Fever: suppress or let it ride?" *Journal of Thoracic Disease* 7:12 (2015).

37 A. LaFrance, "A Cultural History of the Fever," *The Atlantic* (September 16, 2015).

38 J. Zweig, "What Harry Markowitz Meant," jasonzweig.com (October 2, 2017).

39. L. Pleven, "In Bogle Family, It's Either Passive or Aggressive," *The Wall Street Journal* (November 28, 2013).

40 C. Shapiro and M. Housel, "Disrupting Investors' Own Game," The Collaborative Fund.

41 www.bylo.org

42 Washington State University, "For pundits, it's better to be confident than correct," ScienceDaily (May 28, 2013).

43 "Daniel Kahneman's Favorite Approach For Making Better Decisions," Farnham Street

(January 2014).

44 W. Buffett, Letter to the Shareholders of Berkshire Hathaway Inc. (2008).

45 W. Buffett, Letter to the Shareholders of Berkshire Hathaway Inc. (2006).

46. B. Plumer, “Only 27 percent of college grads have a job related to their major,” *The Washington Post* (May 20, 2013).

47 G. Livingston, “Stay-at-home moms and dads account for about one-in-five U.S. parents,” Pew Research Center (September 24, 2018).

48 D. Gilbert, “The psychology of your future self,” TED2014.

49 J. Zweig, “What I Learned From Daniel Kahneman,” jasonzweig.com (March 30, 2014).

50 J. Ptak “Tactical Funds Miss Their Chance,” Morningstar (February 2, 2012).

51 R. Kinnel, “Mind the Gap 2019,” Morningstar (August 15, 2019).

52 M. Desmond. “Accounting Tricks Catch Up With GE,” *Forbes* (August 4, 2009).

53 A. Berenson, “Freddie Mac Says It Understated Profits by Up to $6.9 Billion,” *The New York Times* (June 25, 2003).

54 “U.S. Home Flipping Rate Reaches a Nine-Year High in Q1 2019,” Attom Data Solutions (June 4, 2019).

55 A. Osborn, “As if Things Weren’t Bad Enough, Russian Professor Predicts End of U.S.,” *The Wall Street Journal* (December 29, 2008).

56 “Food in the Occupation of Japan,” Wikipedia.

57 J. M. Jones, “U.S. Stock Ownership Down Among All but Older, Higher-Income,” Gallup (May 27, 2017).

58 E. Rauchway, *The Great Depression and the New Deal: A Very Short Introduction* (Oxford University Press, 2008).

59 L. R. Brown, *Plan B 3.0: Mobilizing to Save Civilization* (W. W. Norton & Company, 2008).

60 FRED, Federal Reserve Bank of St. Louis.

61 “U.S. Crude Oil Production—Historical Chart,” Macro Trends.

62 “Thomas Selfridge,” Wikipedia.

63 www.nhlbi.nih.gov

64 D. Walsh, “The Tragedy of Saudi Arabia’s War,” *The New York Times* (October 26, 2018).

65 B. Pisani, “Active fund managers trail the S&P 500 for the ninth year in a row in triumph for indexing,” *CNBC* (March 15, 2019).

66 *2019 Investment Company Factbook*, Investment Company Institute.

67 "Minutes of the Federal Open Market Committee," Federal Reserve (October 30–31, 2007).

68 www.nasa.gov

69 A. Ram, "Portfolio managers shun investing in own funds," *Financial Times* (September 18, 2016).

70 K. Murray "How Doctors Die," Zocalo Public Square (November 30, 2011).

71 B. Pisani, "Active fund managers trail the S&P 500 for the ninth year in a row in triumph for indexing," *CNBC* (March 15, 2019).

72 "Treasury-Fed Accord," federalreservehistory.org.

73 S. Garon, "Beyond Our Means: Why America Spends While the World Saves," Federal Reserve Bank of St. Louis (July 1, 2012).

74 "Economic Report of the President," FRASER, St. Louis Federal Reserve (1951).

75 P. Graham, "The Refragmentation," paulgraham.com (2016).

76 P. Davidson, "Jobs in high-wage industries are growing fastest," *USA Today* (December 14, 2019).

77 R. Channick, "Average college costs flat nationwide, at just under $15K, as universities increase grants," *Chicago Tribune* (October 16, 2018).

國家圖書館出版品預行編目（CIP）資料

致富心態（暢銷增訂版）：關於財富、貪婪與幸福的20 堂理財課／摩根．豪瑟（Morgan Housel）著；周玉文譯 . -- 第二版 . -- 臺北市：遠見天下文化出版股份有限公司，2023.01
336 面；14.8×21 公分 . --（財經企管；BCB790）
譯自：The Psychology of Money : Timeless Lessons on Wealth, Greed, and Happiness.

ISBN 978-626-355-053-7（平裝）

1.CST: 金錢心理學 2.CST: 理財

561.014　　111021346

財經企管 BCB790

致富心態（暢銷增訂版）：關於財富、貪婪與幸福的 20 堂理財課

The Psychology of Money: Timeless Lessons on Wealth, Greed, and Happiness

作者 ── 摩根・豪瑟 Morgan Housel
譯者 ── 周玉文

副社長兼總編輯 ── 吳佩穎
書系副總監暨責任編輯 ── 蘇鵬元
協力編輯 ── 黃雅蘭
校　對 ── 王映茹、吳芳碩
封面設計 ── Bianco Tsai

出版者 ── 遠見天下文化出版股份有限公司
創辦人 ── 高希均、王力行
遠見・天下文化 事業群榮譽董事長 ── 高希均
遠見・天下文化 事業群董事長 ── 王力行
天下文化社長 ── 王力行
天下文化總經理 ── 鄧瑋羚
國際事務開發部兼版權中心總監 ── 潘欣
法律顧問 ── 理律法律事務所陳長文律師
著作權顧問 ── 魏啟翔律師
社址 ── 臺北市 104 松江路 93 巷 1 號
讀者服務專線 ── 02-2662-0012 ｜傳真 ── 02-2662-0007；02-2662-0009
電子郵件信箱 ── cwpc@cwgv.com.tw
直接郵撥帳號 ── 1326703-6 號　遠見天下文化出版股份有限公司

電腦排版 ── 中原造像股份有限公司
製版廠 ── 中原造像股份有限公司
印刷廠 ── 中原造像股份有限公司
裝訂廠 ── 中原造像股份有限公司
登記證 ── 局版台業字第 2517 號
總經銷 ── 大和書報圖書股份有限公司｜電話 ── 02-8990-2588
出版日期 ── 2021 年 1 月 27 日第一版第一次印行
　　　　　 2024 年 10 月 4 日第二版第十七次印行

定價 ── 450 元
ISBN ── 978-626-355-053-7 ｜ 9786263550551（EPUB）；9786263550544（PDF）
書號 ── BCB790
天下文化官網 ── bookzone.cwgv.com.tw